아이가 주인공인 책

아이는 스스로 생각하고 매일 성장합니다.
부모가 아이를 존중하고 그 가능성을 믿을 때
새로운 문제들을 스스로 해결해 나갈 수 있습니다.

〈기적의 학습서〉는 아이가 주인공인 책입니다.
탄탄한 실력을 만드는 체계적인 학습법으로
아이의 공부 자신감을 높여 줍니다.

아이의 가능성과 꿈을 응원해 주세요.
아이가 주인공인 분위기를 만들어 주고,
작은 노력과 땀방울에 큰 박수를 보내 주세요.
〈기적의 학습서〉가 자녀 교육에 힘이 되겠습니다.

1950년 9월 15일 국군과 국제 연합군은 인천 상륙 작전에 성공하여 서울을 되찾은 후 압록강 지역까지 진격하였으나 1951년 1월 5일 중국군 이/가 참전하여 다시 서울 이 함락되었어요. 38도선 부근에서 중국군과 서로 밀고 밀리는 전투를 계속했어요.

1953년 7월 27일 휴전선의 위치가 결정되고 포로 문제가 해결되면서 정전협정 이/가 체결되었고, 총소리가 멈추었어요.

❷ 그렇게 생각하는 까닭
당나라가 또 배신을 할수 있기때문에 그래서 고구려랑 할 것이다.

❷ 이 작전이 전쟁에 미친 영향은 무엇일까요?
인천상륙작전으로 원래의 남한땅과 압록강 쪽 까지 남한이 땅을 먹었다.

난이도가 낮아서 모든 아이들이 쉽게 할 수 있을 것 같습니다
재미 뿐만아니라 공부에도 도움이 될것같습니다.

나는 무열왕연월했던 삼국통일을 일엤다 그래 기쁘고 뿌듯하다.

세금을 줄여줬다

나라의 공사가 줄었다

농사를 지을수 있다

❶ 궁예는 백성을 대하는 태도가 좋지않았다 자신의 뜻대로 되지 않으면 사형을 시켰다. 또 왕건을 키우는 것만을 중요시 한다.

❷ 왕건은 백성을 위하고, 자산을 나출 줄 안다 세금을 내리고, 나라의 공사를 줄여 백성들을 편하 해주었다

❶ 신라의 삼국 통일에 몇 점을 줄 것인가요? (100점 만점에) (80)점
❷ 그 까닭은 무엇인가요?
80점을 준 이유는 당과 동맹을 맺어 삼국통일을 한 것 때문이고 나머지 20점을 주지 않은 이유는 백제와 군사의 수 차이가 많이 났지만 백제에게 4번이나 졌기 때문이다.

우리나라의 역사를 잘 알려줍니다.

우리나라 끼리 싸우는 것기 때문에 슬프다

난이도가 낮아서 누구든 할수 있을것같다

후백제는 **견훤** 이/가 세웠어. 이 사람은 신라에 침략해 왕을 죽이기도 했지.

후고구려는 **궁예** 이/가 세운 나라야. 고려를 세운 왕건도 한때 이 사람의 신하였어.

이런걸 ㅎ니보니 모르는것을 알게되었다.

아주 재밌음 굿👍

학교에서는 역사를 복잡하게 배웠는데, 기적의 역사 논술은 간단하고 잘 이해되게 설명이 돼어 있어서 글을 읽는데 어려움이 없었다.

[기적의 역사 논술] 샘플을 먼저 경험한 친구들

김민제(초5)	홍도경(초5)	이다현(초5)
이유나(초5)	강태웅(초5)	박홍주(초5)
조인서(초5)	홍석진(초5)	김도현(초6)
홍예성(초6)	강성윤(초6)	김태건(초6)
윤하준(초6)	이성우(초6)	홍태강(중1)

"
고맙습니다.
우리 친구들 덕분에 이 책을 잘 만들 수 있었습니다.
"

'를 찾아가 **고려** 의

학교,집,공공시설등등 전쟁 보다,나은 이 파괴 되어 일상 **평화** 생활로 빨리 돌아올수 없었다

재미있는데 공부도 되니까 좋았다 ②

백제의 5천 군사여, 저번에도 신라군이와 싸워 이겼으니 이번에도 열심히 싸우자! ❶

신라의 5만 군사여, 당과 동맹을 맺었으니 백제를 무너뜨리자!

안녕? 난 **뚱**이라고 해. 2020살이야.

디자이너 비따쌤이 만들었는데, 길벗쌤이 날 딱 보더니 엉뚱한 생각을 많이 할 거 같다고

'뚱'이란 이름을 지어 줬어. (뚱뚱해서 지은 거 아니야! 화났뚱)

〈기적의 독서 논술〉에 처음 나왔었는데. 혹시 날 알까?

〈기적의 역사 논술〉에 내가 빠지면 섭섭하잖아? (나만... 그런가?) 여기서는 주로 탐험뚱, 읽는뚱, 쓰는뚱, 생각뚱,

탐구뚱, 박사뚱, 말뚱, 놀뚱, 쉴뚱, 갓뚱!의 모습으로 나와. (💩 **뚱** 아니야! 잘 봐~)

너희들 읽기도 쓰기도 하는 둥 마는 둥 할까 봐 내가 아주 걱정이 많아. 그래서 살짝뚱 도와줄 거야.

같이 해 보자고!! 뚱뚱~~

바비큐 맛있겠다……
나도 한국사 공부 다 끝내고
먹어야지! 흐흐.

줄줄이 한국사 연표

1권 선사 ~ 남북국

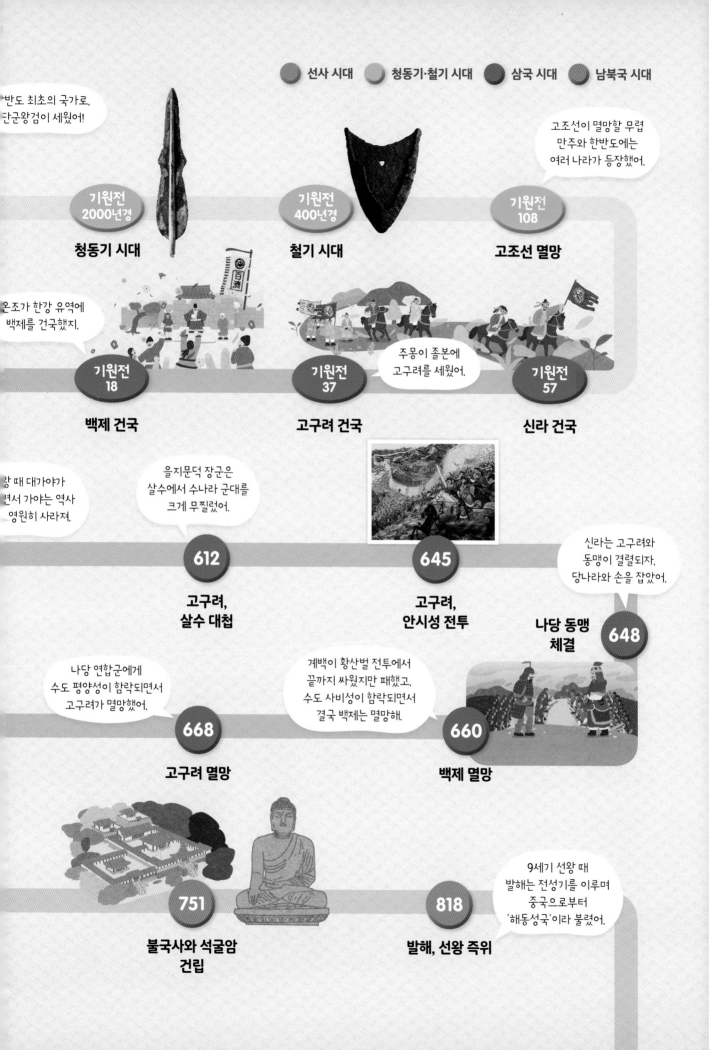

줄줄이 한국사 연표

약 70만 년 전
구석기 시대
> 뗀석기를 사용하고, 사냥과 채집을 하며 이동 생활을 했어.

약 1만 년 전
신석기 시대
> 간석기를 사용했어. 그리고 농사를 지으며, 정착 생활을 했지.

기원전 2333
고조선 건국

427
고구려 장수왕, 평양으로 천도
5세기 고구려의 전성기

400
고구려 광개토 대왕, 신라를 도와 왜를 물리침.
5세기 고구려의 전성기

371
백제 근초고왕, 고구려 평양성 공격
4세기 백제의 전성기

> 진흥 멸망하 속으로

> 신라 법흥왕의 공격으로 금관가야가 멸망했지.

532
금관가야 멸망

553
신라 진흥왕, 한강 유역 차지
6세기 신라의 전성기

562
대가야 멸망

676
신라, 삼국 통일

> 당나라가 신라를 차지 하려고 하자 신라는 매소성과 기벌포에서 당나라와 전쟁을 해서 큰 승리를 거뒀지.

675
매소성, 기벌포 전투

---

698 발해 건국
> 대조영이 고구려 유민들을 이끌고 동모산에 발해를 세웠어.

719
발해, 무왕 즉위

> 발해 제2대 왕으로 고구려 옛 영토를 거의 회복했어!

737
발해, 문왕 즉위

한국사 맥락 읽기로 **초등 논술**을 완성한다

기 적 의
역사 논술

길벗스쿨

기 적 의 **역사 논술** ① 권

초판 1쇄 발행 2020년 7월 17일
초판 13쇄 발행 2024년 6월 10일

지은이 김은정, 이정은
발행인 이종원
발행처 길벗스쿨
출판사 등록일 2006년 6월 16일
주소 서울시 마포구 월드컵로 10길 56(서교동 467-9)
대표 전화 02)332-0931 | **팩스** 02)323-0586
홈페이지 www.gilbutschool.co.kr | **이메일** gilbut@gilbut.co.kr

기획 신경아(skalion@gilbut.co.kr) | **책임 편집 및 진행** 최새롬, 서지혜, 김량희
제작 이준호, 손일순, 이진혁 | **영업마케팅** 문세연, 박선경, 박다슬 | **웹마케팅** 박달님, 이재윤, 이지수, 나혜연
영업관리 김명자, 정경화 | **독자지원** 윤정아

디자인 디자인비따 | **일러스트** 신혜진, 유재영 | **전산편집** 린기획
CTP출력 및 인쇄 영림인쇄 | **제본** 영림인쇄

ISBN 979-11-6406-577-6 63910
(길벗스쿨 도서번호 10908)
정가 13,000원

독자의 1초를 아껴주는 정성 길벗출판사

길벗스쿨 | 국어학습서, 수학학습서, 유아학습서, 어학학습서, 어린이교양서, 교과서
길벗 | IT실용서, IT/일반 수험서, IT전문서, 경제실용서, 취미실용서, 건강실용서, 자녀교육서
더퀘스트 | 인문교양서, 비즈니스서
길벗이지톡 | 어학단행본, 어학수험서

기원전(BC), 기원후(AD)는 역사의 기준점이 되는 시대 구분 표시인데요.
2020년을 기점으로 BC와 AC의 개념이 달라졌다고 해요.
Before Corona | After Corona

지금 우리는 새로운 역사의 기점에서 또 다른 역사를 만들고 있습니다.
버티고, 이기면서 대한민국의 미래를 만들어 갈 여러분들을 응원합니다!

역사를 잃은 민족에게 미래는 없다!
역사를 아는 아이의 미래는 밝다!

어렸을 때 MBC에서 방영했던 〈조선 왕조 500년〉이라는 드라마를 열혈 시청했다. 한번 역사 드라마에 푹 빠져들다 보니, 줄줄이 이어지는 역사 드라마를 보지 않고는 배기지 못했고, 관련 책도 찾아 읽게 되었다. 학교에서 배우는 역사도 흥미진진했다. 내가 아는 인물과 사건이 교과서 여기저기에서 튀어나오니 재미있을 수밖에 없었다. 덕분에 나의 역사에 대한 애정은 시간이 갈수록 높아졌고, 더 많은 것이 알고 싶어 한국사, 세계사 관련 책을 열심히 찾아 읽게 되었다.

그런데 아이들에게 역사가 좋으냐고 물으면, 대부분 얼굴을 찡그린다. 케케묵은, 나와는 상관도 없는 옛날 옛적의 이야기를 왜 알아야 하느냐고 따지는 듯하다. 또, 외울 건 어찌나 많은지 공부도 하기 전에 질린다는 표정이다. 상황이 이러니, 역사를 공부하면 뭐가 좋은지 얘기하는 건 공허한 잔소리가 될지도 모르겠다. 그래서 전략을 바꾸기로 했다. 역사에 흥미를 느낄 수 있는 방법을 찾아 〈기적의 역사 논술〉에 적용하기로 한 것이다. 〈기적의 역사 논술〉은 다음의 3가지를 기본 줄기로 삼았다.

<u>첫째, 역사는 이야기로 만나야 한다.</u>

역사는 외울 게 산더미 같이 많은 지겹고 따분한 암기 과목이 아니라, 나와 다르지 않은 사람이 자신이 태어난 시대를 열심히 살았던 이야기이다. 〈기적의 역사 논술〉을 통해 타임머신을 타고 역사 속으로 들어가 사람들을 만난다면, 그들이 만나고 겪은 사람과 사건들이 오래오래 머리와 마음에 남을 것이다.

<u>둘째, 역사는 시간 순서대로 만나야 한다.</u>

역사 속 사건들을 단편적으로 공부한다면, 머릿속에서 파편처럼 돌아다니다가 금세 사라져 버릴 것이다. 역사 속 사건들은 꼬리에 꼬리를 물고 이어진다. 〈기적의 역사 논술〉은 선사부터 현대까지의 역사를 시간 순서대로 엮었다. 역사를 시간 순서대로 공부한다면, 과거의 사건이 현재와 미래에 강력한 영향력을 발휘한다는 것을 깨닫게 될 것이다. 더불어 현재를 살고 있는 우리가 미래를 준비할 때 필요한 지혜도 덤으로 얻게 될 것이다.

셋째, 역사는 인물 중심으로 만나야 한다.

역사 속 모든 사건은 인물들이 중심이 되어 이끌어 간다. 수많은 역사 속 인물들이 자신에게 주어진 과제를 해결하기 위해, 혹은 자신에게 닥친 고난을 극복하기 위해 고민하고, 선택하고, 행동했다. 〈기적의 역사 논술〉은 자신의 시대를 치열하게 살아간, 때로는 넘어지고, 때로는 큰 업적을 만들어 낸 사람들의 이야기를 담았다. 그들의 고민과 선택과 행동이 역사의 줄기를 어떤 방향으로 이끌었는지 살펴본다면, 나의 미래를 바른 방향으로 이끄는 데 톡톡히 큰 도움을 줄 것이다.

역사를 공부해야 하는 이유를 교육 과정에서 한국사의 비중이 높아졌고, 수능 시험에서 한국사가 필수 과목이 되었으며, 모든 공무원 시험에서 한국사가 필수가 되었다는 것에서 찾는다면, 좀 아쉽고 서글플 것 같다. 역사는 그보다 훨씬 재미있고, 더 높은 가치를 갖고 있기 때문이다.

역사는 수많은 사람들이 자신들의 시대를 열심히 산 결과물이다. 역사 속 인물들의 삶을 따라가면서 그들과 함께 고민하고 선택하고 행동한다면, 시대를 이해하는 힘과 공감하는 능력이 생길 것이다. 또한, 역사 속에서 오늘과 내일을 살아갈 지혜를 얻게 될 것이다. 과거의 일들이 현재에 영향을 미치듯이, 오늘 우리가 어떤 모습으로, 어떤 선택들을 하며 살아가느냐에 따라 미래가 결정될 것이기 때문이다.

이 책을 만난 친구들이 그 누구보다 멋진 미래 인재로 자라나기를 바란다.

2020년 뜨거운 여름, 저자 일동

〈기적의 역사 논술〉은 매주 한 편씩 한국사 스토리를 통해 역사적 맥락을 이해하고, 그 의미를 파악하며 생각을 써 보는, 초등 고학년을 위한 통합 사고력 프로그램입니다.

달달 외우거나 한 번 보고 끝나는 단편적인 공부가 아니라 스토리로 재미있게, 논술로 의미있게 맥락을 따라가 보세요. 대한민국의 과거를 통해 현재를 생각하고, 미래를 만들어가는 깊이 있는 공부가 될 것입니다.

1 역사 논술 시대별 구성 (전 5권)

| 선사~남북국 | 고려 | 조선 1 | 조선 2~대한 제국 | 일제 강점기~현대 |

2 외우지 않아도 맥락이 잡히는 한국사 스토리

한국사를 공부할 때 반드시 등장하는 주요 인물, 사건, 문화유산 등 초등학생이라면 알아야 하는 40가지 스토리를 담았습니다. 시간의 흐름대로 역사는 어떻게 시작되었고, 어떻게 흘러왔으며, 어떻게 흘러가고 있는지 알 수 있습니다. 옛날 이야기 읽듯, 동화 한 편을 보듯 천천히 곱씹으며 읽어 보세요. 흐름을 따라가다 보면 그 시대의 맥락을 이해하는 데 도움이 됩니다.

3 역사 공부의 이해를 돕는 키워드 & 그림 & 사진 자료 & 줄줄이 한국사 연표

한국사는 용어가 핵심입니다. 이 책에서는 키워드를 중심으로 한자 풀이도 함께 제시하여 그 의미를 한 번 더 짚어 보도록 하였습니다. 또한 스토리의 이해를 돕는 그림과 사진 자료, 권 마다 제공되는 연표는 한국사를 조금 더 쉽게 공부할 수 있도록 해 줍니다.

4 통합 사고력, 문제 해결력, 의사 결정력을 키우는 탐구형 논술

이 교재에서 추구하는 논술은 통합 사고력을 키우는 것입니다. 사실에 기반한 역사 스토리를 통해 사건의 전후 관계를 파악하고 이해한 바를 표현해 보는 것이 주된 목표입니다. 읽고, 생각하고, 써 보는 과정에서 논리가 생기고, 비판적인 눈으로 인물과 사건을 바라보는 능력이 자랍니다. 사건 속에 들어가서 그때 그 인물은 왜 그런 선택을 했는지, 나라면 어떻게 했을지 생각해 보고, 그 생각을 표현할 때 문제 해결력을 키우고, 의사 결정력을 갖추게 됩니다.

5 교과 연계 핵심 커리큘럼

권	주	기적의 역사 논술 전체 커리큘럼	교과 연계 핵심 내용(3-2/5-2/6-1 사회)
1권 선사~남북국	1	선사 시대 사람들은 어떻게 살았을까?	역사의 의미
	2	한반도 최초의 나라, 고조선	선사 시대와 고조선의 등장
	3	고구려의 왕자, 백제를 건국하다	여러 나라의 성장
	4	대제국을 건설한 고구려	고대 국가의 등장과 발전(삼국의 발전)
	5	역사 속으로 사라진 철의 나라, 가야	삼국의 성장과 통일
	6	김유신, 삼국 통일의 주역	통일신라
	7	불국사와 석굴암	불국사와 석굴암
	8	발해, 고구려를 계승하다!	발해
2권 고려	1	왕건, 후삼국을 통일하다	고려 문벌 귀족 사회의 형성과 변화
	2	광종, 강력한 힘을 가진 왕	독창적 문화를 발전시킨 고려
	3	서희, 말로 거란의 칼을 이기다	
	4	푸른 하늘과 바다를 품은 고려청자	고려청자
	5	무신들의 세상이 오다	무신 집권기
	6	고려, 몽골의 자존심을 꺾다	몽골의 간섭
	7	팔만대장경으로 나라를 지키다	금속 활자와 그 의의, 팔만대장경
	8	공민왕, 고려의 부활을 꿈꾸다	몽골의 간섭
3권 조선 1	1	이성계, 조선을 건국하다	이성계 조선의 건국
	2	한양으로 도읍을 옮기다	유교 문화의 성숙
	3	조선의 과학을 꽃피운 세종	민족 문화를 지켜나간 조선
	4	훈민정음의 탄생	세종, 훈민정음
	5	임진왜란이 일어나다	임진왜란
	6	병자호란, 누구의 책임인가	병자호란
	7	수원 화성, 정조의 꿈을 품다	영·정조의 개혁 정치
	8	서민들이 문화를 즐기다	서민 문화의 발달
4권 조선2~대한 제국	1	흥선 대원군, 개혁을 추진하다	흥선 대원군의 개혁 정치
	2	일본과 맺은 불평등한 강화도 조약	강화도 조약과 조선의 개항
	3	3일 천하로 끝난 갑신정변	개화파 중심의 근대 개혁
	4	동학 농민군이 바란 세상	새로운 사회를 향한 움직임(동학 농민 운동)
	5	일본, 명성 황후를 시해하다	을미사변
	6	독립신문, 한 장에 한 푼이오!	자주 독립을 위한 노력
	7	을사5적, 일제에 나라를 팔아먹다	일본에 외교권을 빼앗긴 대한 제국
	8	나라를 지키려는 백성들의 피, 땀, 눈물	나라를 지키기 위한 노력(의거 활동)
5권 일제 강점기~현대	1	나라를 빼앗기다	일제의 식민 통치
	2	3·1 운동, 대한 독립 만세!	나라를 되찾기 위한 노력
	3	봉오동 전투와 청산리 대첩	
	4	나라를 되찾기 위해 싸우다	독립운동가의 활동
	5	8·15 광복을 맞이하다	8·15 광복
	6	민족의 아픔, 6·25 전쟁	6·25 전쟁
	7	4·19 혁명이 일어나다	자유 민주주의 시련과 발전
	8	자유 민주주의가 발전하다	

고학년을 위한 **역사 논술**

사회 교과서에서 배우게 되는 한국사를 이 책에서는 스토리(이야기) 중심으로 풀었습니다. 시대 순으로 배열되어 있는 이야기 한 편을 꼼꼼하게 읽어 보세요. 키워드로 제시되는 주요 인물의 이름, 사건명, 지명, 문화유산 등을 한번 더 짚고 넘어간다면 전체적인 맥락을 파악하는 데 도움이 될 것입니다. 스토리에서 다룬 핵심 내용과 용어를 정리하는 퀴즈, 시대를 연결하고 해석해 볼 수 있는 탐구형 논술 문제도 도전해 보세요. 여러분이 그 시대의 주인공이라면 어떻게 판단했을지 생각하면서 부모님과 함께 대화해 보는 시간을 가져도 좋겠습니다.

학습 계획 세우기

한 주에 한 편씩, 천천히 읽고 공부하도록 주제별 2일차 학습 설계를 제안합니다. **1일차**에는 역사 스토리를 읽고, **2일차**에는 논술을 해 봅시다. 11쪽 차례를 보면서 학습 계획을 세우고, 스스로 점검해 보기 바랍니다.

학습 순서

이때는 말이야 [주제별 연표]

한 권에 시대별 주요 사건을 중심으로 8가지 주제를 담았습니다. 사회 교과서 어느 부분에 있는 내용인지 확인해 보고, 주제를 담고 있는 그림도 살펴보세요. 각 장의 주제를 중심으로 앞뒤에 어떤 일들이 있었는지 연표를 통해 확인하고 어떤 이야기가 전개될지 예상해 봅니다.

1step 스토리 읽는 중

Hi-story [역사 이야기]

초등학생이라면 꼭 기억해 두어야 할 한국사 속 인물, 사건, 문화유산 등을 다양한 방식의 이야기로 제시합니다.

🔑 좌우에 제시한 키워드와 용어 설명은 역사적 맥락 읽기의 열쇠입니다. 글을 읽으면서 한번 더 꼼꼼하게 짚어 봅시다.

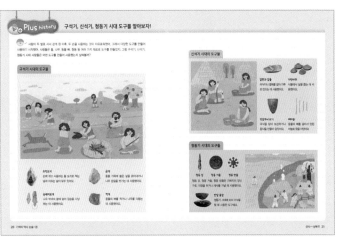

Plus history [역사 더하기]

이 코너에서는 스토리에 다 담지 못했던 역사 내용을 자료나 이미지 등을 활용하여 한 발짝 더 들어가 봅니다.

2step 스토리 읽은 후

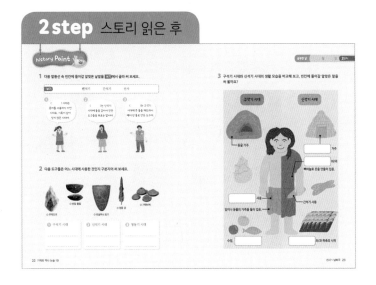

history Point [역사 포인트]

이야기의 핵심이 되는 내용과 용어를 퀴즈를 통해 확인합니다. 막힘없이 퀴즈를 풀었다면 앞의 이야기를 잘 읽고 이해했다는 증거입니다.
문제마다 바로바로 답이 나오지 않았다면 Hi-story로 가서 한 번 더 읽고 오세요.

3 step 스토리 읽은 후

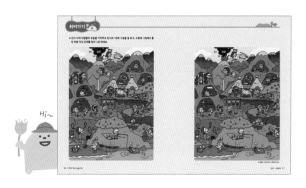

Talk history [역사 토론 논술]

앞서 읽었던 이야기를 떠올려 보고, 탐구형 논술 문제에 답하면서 역사를 해석하고 비판해 보는 시간을 가져 봅시다. 역사는 어떻게 전개되었으며, 우리가 어렴풋이 알고 있던 인물과 사건의 의미, 자랑스러운 문화유산의 가치, 새로운 사회를 향한 움직임, 전쟁의 고통, 광복의 기쁨 등을 주제로 한 이야기를 통해 우리가 한번쯤 생각해 봐야 할 문제들을 논리적으로 풀어 쓰는 연습을 할 수 있습니다.

쉬어가기

미로 찾기, 틀린 그림 찾기, 숨은 그림 찾기 등 재미있는 게임을 통해 그동안 쌓인 역사 지식을 뽐내 보세요.

부록 줄줄이 한국사 연표 [권별로 1장씩 들어 있어요]

연표는 역사를 시간 순서대로 기억하는 데 도움이 됩니다. 이 책에서는 한국사의 흐름을 한눈에 볼 수 있는 연표를 시대별로 1장씩 제공합니다.
각 권의 시대별 연표를 줄줄이 이으면, 내 키만한 한국사 연표가 완성됩니다.

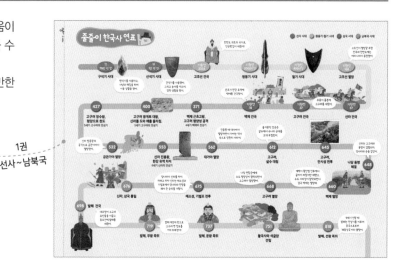

1권
선사~남북국

선사 시대

1 선사 시대 사람들은 어떻게 살았을까?

 이때는 말이야~

돌을 깨뜨려 만든
도구(뗀석기)를
썼어!

선사 시대

구석기 시대
약 70만 년 전

약 1만 년 전
신석기 시대

돌을 갈아 만든
도구(간석기)를
사용했어.

⊙ 주먹도끼

⊙ 빗살무늬 토기

청동으로
무기를 만들어
사용한 시대야.

청동기 시대
기원전 2000년경

철로 만든 농기구를
사용하면서 농업이
크게 발달했어.

기원전 400년경
철기 시대

◉ 비파형 동검

◉ 철 보습

🔑 키워드

선사 시대

先	먼저	선
史	역사	사
時	때	시
代	대신	대

초기 인류의 역사는 문자를 사용했는지에 따라 시대가 나뉘는데 선사 시대는 문자를 사용하기 이전의 시대를 말한다.

역사란 무엇일까?

'역사'는 사람들이 살아온 이야기야. 역사는 두 가지 의미가 있는데 과거에 있었던 사실을 뜻하는 '**사실로서의 역사**'와 역사가가 수많은 과거의 사건 중 의미나 가치가 있다고 생각하는 것을 골라서 기록한 '**기록으로서의 역사**'가 있어. 우리가 살고 있는 지금도 역사가 될 거야. 그런데 우리 부모님의 부모님, 그 부모님의 부모님, 또 그 위의 부모님……은 대체 어떤 모습으로 살았을까? 우리의 역사를 같이 알아보자!

인류의 역사는 문자를 사용한 이후의 시대를 역사 시대, 문자를 사용하기 이전의 시대를 **선사 시대**라고 해.

오늘은 선사 시대를 알아볼 거야. 선사 시대는 문자 기록이 없는 시대를 말해. 사람들은 기록은 없지만 입에서 입으로 전해지는 이야기, 유물이나 유적 등으로 선사 시대를 연구해 왔어.

지구에 사람이 살기 시작한 때는 언제부터일까? 무려 400만 년 전이야. 상상도 되지 않는 먼 옛날이지? 최초의 사람은 점점 진화해서 지금 우리의 모습이 되었단다.

인류 및 도구의 발달 과정

　사람은 동물과 다르게 **직립 보행**을 할 수 있었어. 네 발이 아니라 두 발로 걸었기 때문에 두 손이 자유로웠지. 그 손으로 여러 도구를 만들어 사용하기 시작했는데 처음 사용한 도구는 돌이었어.

　돌로 만든 도구를 사용하던 시기를 **석기 시대**라고 부르는데, 석기 시대는 **구석기** 시대와 **신석기** 시대로 구분해. 석기 시대 초기에는 돌을 깨뜨려서 만든 **뗀석기**를 사용했는데 도구를 사용할수록 더 정교한 도구가 필요해졌어. 그래서 돌을 갈아서 날렵하게 만든 **간석기**를 사용했어. 도구를 만드는 기술이 점점 발달하게 된 거지. 그래서 후세 사람들은 뗀석기를 사용했던 시대는 '오래된 석기'라는 의미로 '구석기' 시대라고 부르고, 간석기를 사용했던 시대는 '새로운 석기'라는 의미로 '신석기' 시대라고 이름 지었어.

　인류는 석기 시대를 거쳐 더욱 발전된 금속을 사용하게 되었는데 바로 **청동**이었어. 돌보다 더 강한 도구를 만들게 된 거지. 청동 다음은? 철! 그 다음은……? 도구의 발전은 앞으로도 계속될 거야.

직립 보행

直	곧을 **직**
立	설 **립**
步	걸음 **보**
行	다닐 **행**

인간은 서서 두 발로 걷게 되면서 손이 자유로워지게 되었고 도구의 발달, 언어의 사용, 두뇌의 성장 등 다른 유인원에 비해 탁월한 진화를 하게 되었다.

뗀석기: 돌을 깨뜨리거나 떼어 만든 도구이다.

간석기: 돌을 갈아서 만든 도구이다.

청동: 구리와 주석을 섞어 만든 금속이다.

주먹도끼

긁개

슴베찌르개

주먹도끼: 손에 쥐고 사용하는 돌. 도끼로 찍는 날과 자르는 날이 모두 있다.

구석기 시대로 가 보자.

한반도의 구석기 시대는 약 70만 년 전부터야. 구석기 시대 사람들은 사냥감을 찾아 여기저기 이동하면서 살았어. 그래서 동굴이나 바위 그늘에 잠시 머물며 살았지. 한 곳에서 오래 살지는 못했어. 먹을 것이 떨어지면 다른 숲으로, 다른 들로 이동해야 했거든.

구석기인들은 산이나 들에서 동물을 사냥하거나 강이나 바다에서 물고기를 잡아 먹는 등의 **수렵** 활동을 했어. 또 나무 열매를 따는 **채집** 활동으로 먹을거리를 구했지.

그림에서 돌을 깨뜨리고 있는 사람 보이지? 저 사람이 만들고 있는 도구를 **뗀석기**라고 해. 구석기 시대 사람들이 만든 뗀석기는 용도가 다양했어. **주먹도끼**를 이용해 멧돼지나 사슴을 사냥했지. 그런데 사냥은 목숨을 걸어야 할 정도로 위험한 일이었어. 생각해 봐, 돌 하나로 이리저리 날뛰는 커다란 멧돼지를 잡는 건 쉬운 일이 아니었겠지?

그리고 주먹도끼의 날카로운 부분을 이용하여 동물의 가죽을 벗겨 옷을 만들어 입고, 잡은 고기를 손질해서 불에 구워 먹었어. 여기서 중요한 점은 이 시대에 **불**을 사용했다는 거야.

불의 발견은 인류에게 큰 변화를 가져다 줬어. 사람들은 번개나 화산 폭발을 보고 처음엔 무서웠을 거야. 그런데 어느 날 우연히 불에 탄 고기를 먹어 본 사람이 있었겠지? 그동안 날고기만 먹었던 사람들이 익힌 고기 맛을 봤으니 얼마나 맛있었겠어? 그 뒤로 구석기 사람들은 불에 고기를 익혀 먹기 시작했고, 동굴에서 불을 지펴 추위도 이겨냈지. 만약 불이 없었다면 어땠을까? 불을 잘 사용한 덕분에 지금 우리가 따뜻한 방에서 맛있는 삼겹살을 구워 먹을 수 있게 된 거라고. 정말 다행이지? 그럼 이제 신석기 시대로 넘어가 볼까?

★ 참고 자료

구석기 시대에는 주먹도끼 외에도 무언가를 자를 때 쓰는 자르개, 나무를 자르거나 짐승을 잡을 때 쓰는 찍개, 가죽을 손질할 때 쓰는 긁개 등 다양한 용도의 뗀석기를 사용하였다.

★ 참고 자료

구석기 시대 사람들은 동굴에 머무는 동안 사냥이 잘 되었으면 하는 바람을 담아 동굴 벽에 동물 그림을 그렸다.

움집: 땅을 파고 단단한 나무로 기둥과 서까래를 만들어 세운 반지하 집이다.

정착: 일정한 곳에 자리를 잡아 머물러 사는 것을 말한다.

빗살무늬 토기: 신석기 시대를 대표하는 토기로 흙으로 빚어 불에 구워 만든 그릇이다. 토기의 겉면에 빗살 무늬가 새겨져 있다.

★참고 자료

갈판과 갈돌: 열매나 곡식의 껍질을 벗기고 가루로 만드는 데 사용하였다.

신석기 시대는 말이야.

신석기 시대 사람들은 돌을 갈아 만든 **간석기**를 사용했어. 그러면서 도구가 점점 다양해지고 편리해졌지. 이때 지구의 날씨가 따뜻해지고 물이 풍부해지면서 신석기 시대 사람들은 농사를 짓기 시작했어. 조나 수수 농사를 지으면서 사람들은 떠돌이 생활을 청산하고 강 주변에 모여 살게 되었지. 강가는 농사를 지을 때 필요한 물을 구하기도 쉽고, 물고기도 잡을 수 있어서 사람들이 모여들 수밖에 없었어. 그리고 신석기 시대 사람들은 사냥한 동물을 우리에 가두고 기르기도 했어. 지금 우리가 소나 돼지를 기르는 게 여기에서 시작된 거지. 아래 그림에서 인디언 텐트같이 생긴 **움집**이 보이지? 동굴에 잠깐씩 머물던 사람들이 이제 움집을 짓고 **정착**하게 된 거야.

신석기 시대 사람들은 흙으로 그릇을 만들어 사용했어. **빗살무늬 토기**에 조나 수수 등의 곡식을 보관하거나 죽을 끓여 먹었지. 불과 토기를 이용하여 음식을 익혀 먹게 되면서 병에 덜 걸리고, 영양 상태도 좋아져서 구석기 시대 사람들보다 오래 살 수 있게 되었다고 해.

가락바퀴

뼈바늘

빗살무늬 토기

갈판과 갈돌

의식주 중에서 식(食, 먹을 식)과 주(住, 살 주) 이야기를 주로 했는데, 신석기 시대에서 또 기억해야 하는 것은 바로 옷(衣, 옷 의)이야! 신석기 시대 사람들은 **가락바퀴**와 막대를 이용하여 식물의 섬유를 꼬아서 실을 만든 다음, 실로 옷감을 짜서 **뼈바늘**로 옷을 만들어 입었어. 구석기 시대 사람들보다 훨씬 옷다운 옷을 갖춰 입게 된 거지. 가락바퀴는 신석기 시대 사람들이 만든 훌륭한 도구 중 하나라고 할 수 있어. 이전에는 동물 가죽이나 나뭇잎을 엮어서 몸에 두르고 다녔지만, 이제는 실과 바늘로 옷감을 짜서 옷을 만들어 입을 수 있게 된 거야. 옷은 날씨의 변화나 환경으로부터 우리 몸을 보호해 주는 거잖아? 인류 문명의 변화를 보여 주는 거지. 이때부터 개성을 살려 옷을 만들어 입기도 했고, 조개껍데기나 동물의 뼈를 이용해 장신구를 만들어 몸에 달면서 멋을 부리기 시작했어.

사람들은 도구를 계속 발전시켜 사용했고 결국 금속 다루는 법까지 알게 되었어. 앞에서 석기 시대를 거쳐 다음 세대가 청동을 이용해 도구를 만들었다고 했던 것 기억하지? 청동은 구리와 주석을 섞어 만든 금속으로 재료가 귀하고 만들기가 쉽지 않았어. 그래서 사람들은 청동으로 칼, 거울 등 제사나 전쟁 도구로만 만들어 사용했어.

지금까지 인류가 어떻게 시작되었는지, 어떻게 살았는지 구석기 시대와 신석기 시대 사람들의 생활 모습을 살펴봤어. 궁금한 점이 어느 정도 해결되었니?

다음 장에서는 우리 역사상 첫 나라를 세운 단군왕검의 건국 이야기를 만나 볼 거야. 기대해!

가락바퀴: 둥근 부분에 막대를 넣고 돌려서 실을 꼬는 데 사용하는 도구이다.

뼈바늘: 신석기 시대에 사용하던, 뼈로 만든 바늘로, 사슴, 새, 물고기 따위의 뼈로 만들었다.

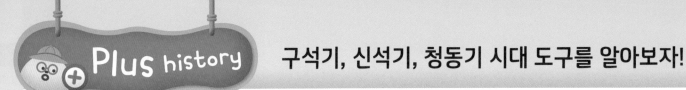

구석기, 신석기, 청동기 시대 도구를 알아보자!

사람이 두 발로 서서 걷게 된 이후, 두 손을 사용하는 것이 자유로워졌어. 그래서 다양한 도구를 만들어 사용하기 시작했어. 사람들은 돌, 나무, 동물 뼈, 청동 등 여러 가지 재료로 도구를 만들었지. 그럼 구석기, 신석기, 청동기 시대 사람들은 어떤 도구를 만들어 사용했는지 살펴볼까?

구석기 시대의 도구들

주먹도끼
손에 쥐고 사용하는 돌 도끼로 찍는 날과 자르는 날이 모두 있어요.

긁개
동물 가죽에 붙은 살을 긁어내거나 나무 껍질을 벗기는 데 사용했어요.

슴베찌르개
나무 막대의 끝에 달아 짐승을 사냥하는 데 사용했어요.

찍개
동물의 뼈를 찍거나 나무를 다듬는 데 사용했어요.

신석기 시대의 도구들

갈판과 갈돌
곡식이나 열매를 갈아 가루
로 만드는 데 사용했어요.

가락바퀴
식물에서 실을 뽑는 데 사
용했어요.

빗살무늬 토기
곡식을 담아 보관하거나
음식을 만들어 담았어요.

뼈바늘
동물의 뼈를 갈아서 만든
바늘로 옷을 지었어요.

청동기 시대의 도구들

청동 검　　　**청동 거울**　　　**청동 방울**

청동 검, 청동 거울, 청동 방울은 지배자의 장신
구로, 치장을 하거나 제사를 지낼 때 사용했어요.

반달 돌칼
청동기 시대에 벼의 이삭을
딸 때 사용한 도구예요.

history Point

1 다음 말풍선 속 빈칸에 들어갈 알맞은 낱말을 보기 에서 골라 써 보세요.

> 보기 　　　　　뗀석기　　　간석기　　　선사

① (　　　) 시대는 문자를 사용하기 이전 시대로, 기록이 남아 있지 않은 시대야.

② (　　　)는 신석기 시대에 돌을 갈아서 만든 도구들을 부르는 말이야.

③ (　　　)는 구석기 시대에 큰 돌을 깨뜨려서 떼어 낸 돌로 만든 도구야.

2 다음 도구들은 어느 시대에 사용한 것인지 구분지어 써 보세요.

⊙ 주먹도끼　　　⊙ 반달 돌칼　　　⊙ 빗살무늬 토기　　　⊙ 청동 검　　　⊙ 가락바퀴

① 구석기 시대

② 신석기 시대

③ 청동기 시대

3 구석기 시대와 신석기 시대의 생활 모습을 비교해 보고, 빈칸에 들어갈 알맞은 말을 써 볼까요?

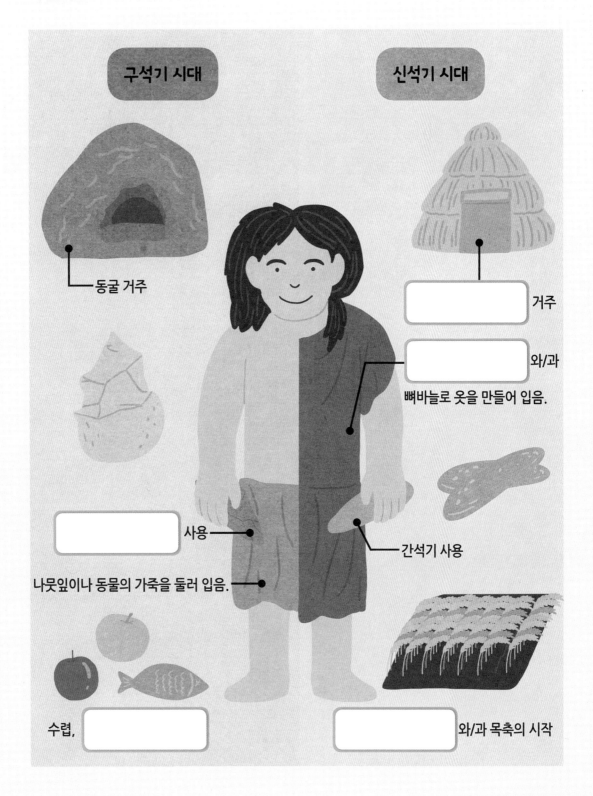

구석기 시대

신석기 시대

동굴 거주

거주

와/과
뼈바늘로 옷을 만들어 입음.

사용

간석기 사용

나뭇잎이나 동물의 가죽을 둘러 입음.

수렵, 　　　　　

　　　　　와/과 목축의 시작

1 다음 그림을 보고 인류가 도구를 사용하게 된 결정적인 계기는
무엇이었겠는지 써 보세요.

tip 인간과 짐승의 신체적인 차이는 무엇일까?

인류 및 도구의 발달 과정

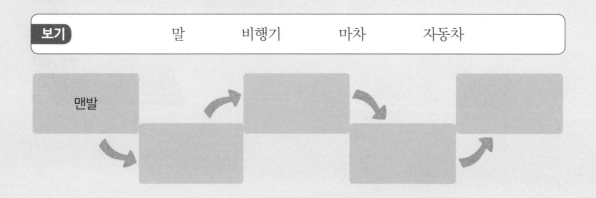

2 1번 문제의 그림은 손과 관련된 도구의 진화 과정을 보여 주고
있어요. 그렇다면 발과 관련된 이동 수단은 어떻게 발전했는지
보기를 활용하여 알맞게 나열해 볼까요?

tip 맨발에서 시작된 이동
수단은 어떻게 발전해 왔는지
떠올려 볼까?

보기	말	비행기	마차	자동차

맨발

3 구석기 시대와 신석기 시대 사람이 석기의 특징에 대해 이야기하고 있어요. 말풍선에 들어갈 알맞은 말을 자유롭게 써 보세요.

예 뗀석기는 돌을 깨뜨리거나 떼어 내서 만들었어. 그래서 거칠고 뭉툭하지.

구석기 시대 사람

신석기 시대 사람

4 다음 키워드를 활용하여 구석기 시대와 신석기 시대의 의식주 생활 모습을 비교해 보세요.

tip 의식주에서 의는 옷, 식은 먹는 것, 주는 사는 곳을 말해.

키워드   동굴   채집   농사   움집   사냥

구석기 시대

신석기 시대

의: 입는 것	식: 먹는 것	주: 사는 곳
예 구석기 시대 사람들은 동물의 가죽이나 나뭇잎 등을 몸에 걸쳤고, 신석기 시대 사람들은 가락바퀴와 뼈바늘로 옷을 만들어 입었다.		

5 선사 시대에 일어난 일 중에서 인간 문명의 발전에 가장 큰 영향을 끼친 사건과 그렇게 생각한 까닭은 무엇인지 써 볼까요?

tip 인간 생활이 크게 변화하게 된 계기가 무엇인지 생각해 보자.

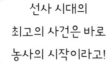

선사 시대의 최고의 사건은 바로 농사의 시작이라고!

도구의 발명을 빼고 문명의 발전을 이야기할 수는 없지.

무슨 소리! 불을 사용한 일이 최고의 사건이지.

집을 짓고 정착해서 살게 된 일이야말로 가장 큰 변화지!

❶ 인간 문명의 발전에 큰 영향을 끼친 사건

(농사의 시작 , 도구의 발명 , 불의 사용 , 정착 생활의 시작)

❷ ❶번과 같이 생각한 까닭

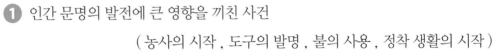

고조선

2 한반도 최초의 나라, 고조선

 이때는 말이야~

내 옆에 계신 분이
바로 단군왕검이야!

신석기 시대
약 1만 년 전

청동기 시대
기원전 2000년경

기원전 2333년

**단군왕검,
고조선 건국**

사람들 사이에
계급이 생기기
시작했어.

중국에서 철기 문화가 들어오면서 철제 농기구, 철제 무기가 만들어졌어!

기원전 400년경

철기 시대

고조선이 멸망할 무렵에 여러 나라가 나타났어.

고조선 멸망
기원전 108년

고조선

古 옛 **고**

朝 아침 **조**

鮮 고울 **선**

약 반만년 전, 한반도와 주변 지역에 세워진 우리나라 최초의 국가이다. '고조선'이라는 이름은 『삼국유사』에 처음 등장하는데 단군왕검이 세운 조선과 위만이 세운 조선을 구분하기 위해 고조선이라고 썼다. 지금은 태조 이성계가 건국한 '조선'과 구별하기 위해 '옛 조선', '옛날의 조선'이라는 의미로 '고조선'이라고 부른다.

개천절: 기원전 2333년에 단군이 아사달에 도읍을 정하고 나라 이름을 조선(朝鮮)이라 짓고 즉위하였다. 이를 기념하는 날로 10월 3일이다.

『삼국유사』: 고려 시대 일연이 고조선부터 후삼국 시대까지 기록한 역사서이다.

태백산: 환웅이 내려왔다고 하는 곳으로 지금의 묘향산으로 추정된다.

하늘이 열린 날, 개천절

여러분, 10월 3일이 무슨 날인지 아나요? 네, 맞아요. 바로 '**개천절**'이에요. 개천절은 '하늘(天)이 열린(開) 날'이라는 뜻으로, 우리나라 최초의 국가가 세워진 것을 기념하는 국경일이에요. 그렇다면 우리나라 최초의 국가를 세운 사람은 누구일까요?

여러분 모두 〈한국을 빛낸 100명의 위인들〉이라는 노래를 한 번쯤 따라 불러 본 적이 있지요? 바로 이 노래 첫 소절에 등장하는 '단군 할아버지'가 우리나라 최초의 국가를 세웠어요. 그런데 단군 할아버지 이야기에 대해 자세히 알고 있는 친구들은 별로 없을 거예요. 단군 할아버지에 대한 이야기는 우리나라의 아주 오래된 역사책 중 하나인 『**삼국유사**』, 『제왕운기』 등에 전해져 내려와요.

어떤 내용인지 살펴볼까요?

고조선의 건국 이야기와 그 비하인드 스토리

아주 먼 옛날, 하늘 나라를 다스리는 환인에게 환웅이라는 아들이 있었어요. 환웅은 인간 세상을 자주 내려다보며 그곳을 직접 다스리고 싶다고 생각했어요. 환인은 이런 아들의 뜻을 받아들여 **태백산**에 환웅을 내려 보냈어요. 환웅은 바람, 비, 구름을 다스리는 신하와 삼천 명의 무리를 이끌고 태백산으로 내려가 인간 세상을 다스리기 시작했어요.

환웅이 인간 세상을 다스리고 있던 어느 날, 곰과 호랑이가 환웅을 찾아와 사람이 되게 해 달라고 빌었어요. 그러자 환웅은 쑥 한 줌과 마늘 스무 쪽을 주면서 말했어요.

"이 쑥과 마늘을 먹으면서 100일 동안 햇빛을 보지 않으면 사람이 될 것이다."

둘은 어두컴컴한 동굴로 들어가 쑥과 마늘을 먹으며 하루하루 버텼어요. 그러나 호랑이는 끝내 참지 못하고 동굴을 뛰쳐나갔어요. 하지만 곰은 잘 참아 내어 여자로 변했고, '웅녀'라는 이름을 갖게 되었지요. 환웅은 웅녀와 결혼했고, 얼마 후 웅녀가 아들을 낳았어요. 바로 그 아들이 후에 여러분이 잘 알고 있는 **단군왕검**이 된 거예요.

기원전 2333년, 단군왕검은 **아사달**로 도읍을 삼고 고조선을 세웠어요. 단군왕검은 1,500년 동안 나라를 다스리다가 산신이 되었는데, 그때 나이가 1,908세였답니다.

단군왕검

檀	박달나무	단
君	임금	군
王	임금	왕
儉	검소할	검

고조선을 세운 첫 왕이다. 단군왕검은 고조선을 세우고 '홍익인간(弘益人間)'을 건국 이념으로 삼았는데, '홍익인간'이란 널리 인간을 이롭게 한다는 뜻을 담고 있다.

기원: 햇수를 세는 기준이 되는 해로 기원전(BC)와 기원후(AD)로 나뉜다.

아사달: 단군이 고조선을 세울 때의 도읍이다. 지금의 구월산 근처로 추정된다.

숭배: 훌륭한 대상을 받들어 섬기는 것이다.

농경 사회: 농사를 경제 활동의 중심으로 하는 사회이다.

결합: 둘 이상의 사물이나 사람이 서로 관계를 맺어 하나가 되는 것을 말한다.

후손: 자신의 세대에서 여러 세대가 지난 뒤의 자녀를 통틀어 이르는 말이다.

도저히 믿기지 않는 이야기라고요? 어떻게 하늘에서 하느님의 아들이 내려오고, 곰이 사람으로 변할 수 있냐고요? 자, 그럼 이제 본격적으로 고조선의 건국 이야기에 숨겨진 의미를 알려 줄게요.

사실 이야기 속 환웅은 하늘을 **숭배**하던 부족을 말해요. 마찬가지로 곰과 호랑이는 각각 곰을 숭배하는 부족, 호랑이를 숭배하는 부족을 가리켜요. 환웅이 하늘에서 인간 세상으로 내려왔다는 것은 하늘을 숭배하는 부족이 다른 지역에서 한반도로 왔다는 것을 뜻해요.

그리고 환웅이 바람, 비, 구름을 다스리는 신하를 이끌고 왔다고 했지요? 당시에는 농사를 지으며 살았던 **농경 사회**였기 때문에 바람, 비, 구름과 같은 날씨가 매우 중요했어요. 그런데 환웅이 날씨를 다스린다고 하니 사람들은 복종할 수밖에 없었을 거예요.

여기서 질문! 그렇다면 환웅과 웅녀의 결혼은 무엇을 의미할까요? 둘의 결혼은 바로 하늘을 숭배하는 부족과 곰을 숭배하는 부족이 **결합**했다는 것을 뜻해요. 결합은 힘을 합쳤다는 거죠. 그리고 세월이 흘러 두 부족의 **후손**인 단군왕검이 아사달을 도읍으로 정하고, '고조선'이라는 나라를 세운 거예요.

그 뒤에 사람들이 이 이야기를 건국 이야기로 만들어 고조선을 세운 단군왕검을 신비롭고 강력한 존재로 만든 거랍니다.

한 가지 더 짚고 넘어갈 것이 있어요. 고조선의 건국 이야기에서 단군왕검이 무려 1,500년 동안 나라를 다스렸다고 했는데, 정말로 한 명의 지배자가 그렇게 오래 살며 나라를 다스렸을까요? 사실 단군왕검은 한 사람의 이름이 아니라 왕처럼 지배자를 칭하는 말이에요. 그러니까 단군왕검은 고조선의 최고 지배자를 부르는 말이죠. 고조선을 세운 단군왕검과 그의 후손들이 다스린 기간이 약 1,500년이라는 거예요.

몰랐죠? 고조선의 건국 이야기에 이렇게나 많은 의미가 숨겨져 있었을 줄!

◉ 미송리식 토기

◉ 비파형 동검

고조선, 그리고 청동기 문화

단군왕검은 우수한 청동기 문화를 바탕으로 다른 부족을 정복하거나 통합하면서 세력을 넓혀 갔어요. 부족을 이끌던 지배자의 세력이 점점 커지기 시작했고, 그 지배자는 하늘에 제사를 지내는 종교 의식도 담당했답니다. '단군왕검'의 뜻을 살펴보면 **단군(檀君)**은 하늘에 제사를 지내는 사람, **왕검(王儉)**은 나라를 다스리는 통치자를 의미해요. 단군왕검은 **제사장**과 왕의 역할을 동시에 했으니 어마어마한 권력을 가지고 있었겠죠?

제사장: 신에게 드리는 제사를 맡아 이끄는 사람이다.

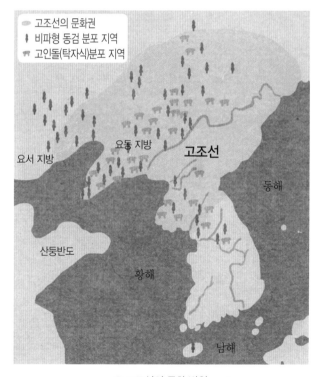

- 🍃 고조선의 문화권
- ♦ 비파형 동검 분포 지역
- 🐚 고인돌(탁자식)분포 지역

요서 지방 / 요동 지방 / 고조선 / 산둥반도 / 황해 / 동해 / 남해

◉ 고조선의 문화 범위

★ 참고 자료

고조선을 대표하는 문화유산으로는 미송리식 토기, 비파형 동검, 탁자식 고인돌이 있는데 이를 통해 고조선의 문화 범위를 짐작할 수 있다.

조항: 법률이나 규정 따위의 조목이나 항목이다.

엄격: 말, 태도, 규칙 따위가 매우 엄하고 철저한 것을 말한다.

고조선에는 8**조항**의 법을 두어 나라를 질서 있게 다스렸어요. 지금은 그중에서 3개의 조항만 전해져 오고 있는데, 당시에는 어떤 법 조항이 있었는지 살펴보도록 해요.

고조선의 법(8조법)

• 사람을 죽인 사람은 사형에 처한다.

• 남에게 상해를 입힌 사람은 곡식으로 갚는다.

• 남의 물건을 훔친 사람은 데려다 노비로 삼으며, 죄를 면하려면 50만 전을 내야 한다.

사람을 죽인 사람을 사형에 처했다는 것은 큰 죄는 **엄격**한 법으로 다스렸다는 것을 알려줘요. 또 죗값을 곡식으로 갚으라고 한 걸 보면 당시 개인이 재산을 가지고 있는 것을 인정하는 사회였다는 걸 알 수 있지요. 도둑질한 사람을 노비로 삼았다는 내용으로 보아 신분 제도가 있었다는 것도 알 수 있고, 죄를 면하려면 '50만 전'을 내야 한다는 내용을 통해 고조선에서 화폐가 사용되었음을 알 수 있어요.

세 가지 법 조항만으로도 고조선의 생활 모습이 어땠을지 충분히 짐작할 수 있지요?

고조선의 지배자들이 죽으면 어마어마하게 큰 무덤을 만들었는데 이 무덤을 '**고인돌**'이라고 해요. 앞에서 고조선을 대표하는 문화유산으로 탁자식 고인돌이 있다는 것을 기억하고 있지요? 이 고인돌의 무게는 수십 톤이나 되었기 때문에, 고인돌을 만들기 위해서는 500명 이상의 튼튼한 성인 남자들이 필요했답니다.

그렇다면 왜 이렇게 힘들게 큰 무덤을 만들었을까요? 죽은 지배자가 거대한 무덤을 만들 수 있을 만큼 큰 힘을 가지고 있었다는 걸 **과시**하기 위해서예요. 고인돌은 그 자체로 지배자의 권력을 상징하면서 다음 지배자에게 권력을 **대물림**하는 수단이었어요.

⊙ 탁자식 고인돌

과시: 자기가 지닌 것을 일부러 드러내 뽐내는 것을 말한다.

대물림: 가업, 땅, 재물, 벼슬 같은 것을 자손에게 물려주는 것이다.

고인돌 제작 과정

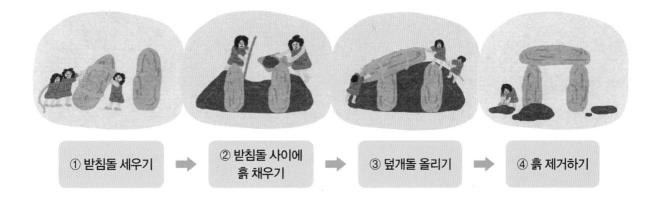

① 받침돌 세우기 → ② 받침돌 사이에 흙 채우기 → ③ 덮개돌 올리기 → ④ 흙 제거하기

고조선은 청동기 문화를 바탕으로 주변 세력을 통합하며 성장했어요. 이후 고조선의 왕이었던 준왕을 내쫓고 왕이 된 **위만**은 중국의 철기 문화를 적극적으로 받아들여 나라를 발전시켰지요. 고조선은 중국 한나라와 주변 나라들 사이에서 중계 무역으로 많은 이익을 얻었으나, 한나라의 공격으로 기원전 108년에 멸망하게 되었어요.

★ 참고 자료

위만: 중국 연나라에서 고조선으로 넘어올 때 고조선 사람과 같은 옷차림, 머리 모양을 했다고 전해진다. 고조선에 들어와 권력이 커진 위만은 고조선의 준왕을 몰아내고 스스로 왕이 되었다.

만주와 한반도에 철기가 보급되기 시작하면서 사람들은 철로 강력한 무기를 만들기 시작했어. 그래서 부족 간의 전쟁이 활발하게 일어나게 되었고, 철제 무기를 이용해 힘을 키운 부족들은 주변 부족을 정복하면서 국가로 발전해 나갔지. 그리고 이 무렵 고조선이 한나라의 공격으로 멸망하면서 만주와 한반도에 여러 나라들이 세워졌어. 어떤 나라가 있었는지 한번 살펴보자!

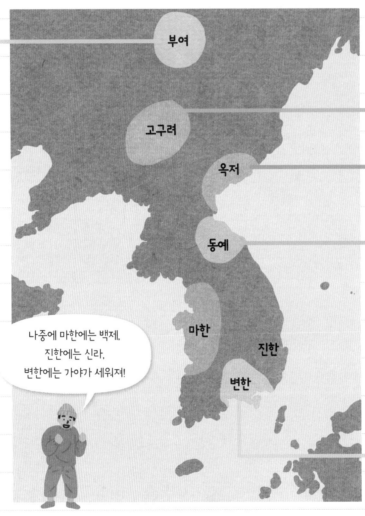

나중에 마한에는 백제,
진한에는 신라,
변한에는 가야가 세워져!

부여, 가축을 잘 키웠대!

우리 역사상 고조선에 이어 두 번째로 세워진 나라야. 부여 사람들은 가축을 잘 키웠대. 가축을 얼마나 소중히 여겼는지 높은 관리들의 이름도 가축 이름을 붙여 '마가, 우가, 저가, 구가'라고 불렀다니까. '마'는 말, '우'는 소, '저'는 돼지, '구'는 개를 뜻해.

고구려, 용맹한 전사들의 나라였대!

활 쏘기 천재, 주몽 알지? 주몽이 세운 나라가 바로 고구려야. 고구려의 첫 도읍지인 졸본은 산이 많고 농사지을 땅이 넓지 않았어. 그래서 일찍부터 주변 나라들을 공격해 땅을 빼앗아야 했지. 고구려에는 활 잘 쏘고, 말 잘 타는 용맹한 전사들이 많았어. 이들은 정복 전쟁을 벌여 영토를 넓혀 나갔어.

옥저, 민며느리 제도가 있었대!

옥저는 농사도 잘 되고 해산물과 소금도 풍부해서 주변 나라의 침략을 자주 받았어. 그래서 옥저 사람들은 며느리를 미리 정해 어렸을 때 데려와 보호하면서 키웠어. 이게 바로 민며느리 제도야. 그리고 며느리가 다 자라면 집으로 돌려보냈다가 정식으로 혼인을 올렸대.

동예, 다른 마을을 침범할 수 없었대!

동예는 산이 많고 험해서 마을과 마을 사이에 교류가 적었어. 그러다 보니 다른 마을 사람들이 자기 마을에 드나드는 것을 싫어하게 되었대. 그래서 허락 없이 마을을 침범한 사람은 붙잡아서 노예로 삼거나 소나 말로 벌금을 물게 했어. 이걸 책화라고 해.

삼한(마한, 진한, 변한), 벼농사가 완전 잘됐대!

한반도 남쪽에는 80여 개의 작은 나라들이 세워졌는데, 크게 마한, 진한, 변한으로 불렸어. 이 세 나라를 삼한이라고 해. 삼한 땅은 날씨가 따뜻하고, 넓은 들과 큰 강이 있어서 사람이 살기 딱 좋았어. 특히 벼농사가 잘 되어 풍족한 생활을 했다고 해.

1 다음은 고조선 건국과 관련된 설명이에요. 설명을 읽고 낱말 퍼즐을 완성해 보세요.

가로 풀이

❶ 하늘을 다스리는 신의 아들이자, 단군왕검의 아버지.

❹ 고조선의 지배자들이 권력을 과시하기 위해 만든, 돌로 만든 무덤.

❺ 고조선의 첫 도읍지.

세로 풀이

❷ 단군의 어머니.

❸ 우리 민족 역사상 첫 번째로 건국된 국가.

❻ 고려 시대 일연이 고조선부터 후삼국 시대까지 기록한 역사서.

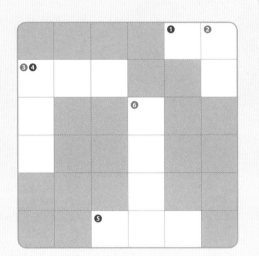

2 청동기 시대에 일어난 일을 바르게 말한 친구의 이름을 모두 써 보세요.

다른 부족을 정복하며 세력을 넓혔어.

먹을 것을 찾아 옮겨 다녔어.

사람들 사이에 계급이 생겼어.

하늘에 제사를 지냈어.

민우

정혁

혜성

지혜

(   )

3 다음은 고조선의 건국 이야기를 정리한 거예요. 빈칸에 알맞은 말을 넣어 완성해 보세요.

 환웅이 [　　　], [　　　], [　　　] 을/를 다스리는 신하와 삼천 명의 무리를 이끌고 인간 세상으로 내려왔어요.

 어느 날 곰과 호랑이가 환웅을 찾아와 사람이 되게 해 달라고 빌었어요. 환웅은 [　　　]와/과 [　　　]을/를 먹으며 100일 동안 햇빛을 보지 않으면 사람이 될 거라고 했어요.

 곰과 호랑이는 동굴로 들어가 사람이 되기 위해 노력했지만, 호랑이는 견디지 못했고, 곰은 잘 참아 내어 결국 [　　　] 이/가 되었어요.

❹ [　　　]은/는 환웅과 결혼해 아들을 낳았고, 그 아들이 후에 [　　　] 이/가 되었어요. [　　　]은/는 아사달로 도읍을 삼고 고조선을 건국했어요.

1 고조선의 건국 이야기를 읽고 친구들이 대화를 나누고 있어요. 친구들이 하는 말의 밑줄 친 부분에 들어갈 알맞은 내용을 써 보세요.

tip 건국 이야기에 담긴 역사적 사실과 의미를 생각해 볼까?

① 환웅이 바람, 비, 구름을 다스리는 신하를 데리고 왔다는 점에서

_____ 알 수 있어.

② 환웅이 웅녀와 결혼했다는 내용을 통해 _____

_____ 알 수 있어.

2 고조선의 법 조항을 통해서 고조선 사람들이 어떻게 살았을지 짐작해 볼까요? 예시 를 참고하여 아래 빈 부분을 완성해 보세요.

tip 법 내용을 구성하는 낱말의 의미가 무엇인지 생각해 봐.

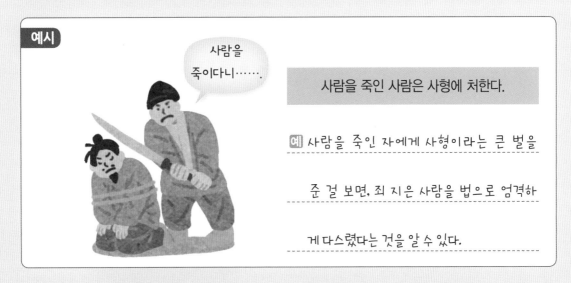

예시

사람을 죽이다니…….

사람을 죽인 사람은 사형에 처한다.

예 사람을 죽인 자에게 사형이라는 큰 벌을 준 걸 보면, 죄 지은 사람을 법으로 엄격하게 다스렸다는 것을 알 수 있다.

① 남에게 상해를 입힌 사람은 곡식으로 갚는다.

② 남의 물건을 훔친 사람은 데려다 노비로 삼으며, 죄를 면하려면 50만 전을 내야 한다.

다치게 해서 미안합니다. 이 곡식으로 갚겠습니다.

내 물건을 훔쳤으니 넌 오늘부터 우리 집 노비다!

3 고조선 사람들이 고인돌을 만들고 있어요. 고조선의 지배자들은 왜 이렇게 거대한 무덤을 만들었을까요? 지배자의 마음을 짐작하여 다음 말풍선 내용을 완성해 보세요.

tip 고인돌을 만들기 위해서는 수많은 사람들을 동원해야 했어.

우리 지배자들이
고인돌을 만든 까닭을 알려 줄게.

----

4 고조선이 멸망할 무렵, 한반도에 여러 나라가 등장했어요. 각 나라에 알맞은 특징을 찾아 번호를 써 주세요.

tip 고조선이 이후에 등장한 여러 나라의 특징을 떠올려 보자.

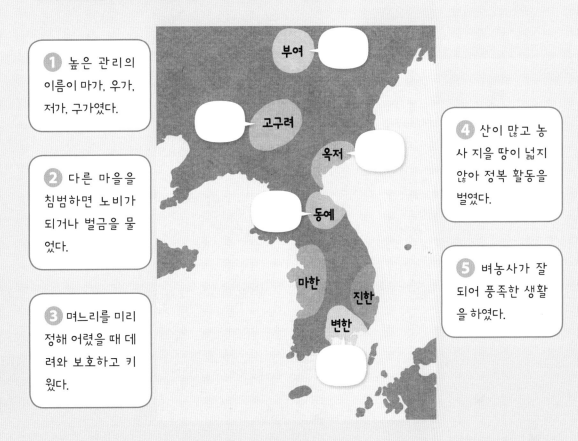

① 높은 관리의 이름이 마가, 우가, 저가, 구가였다.

② 다른 마을을 침범하면 노비가 되거나 벌금을 물었다.

③ 며느리를 미리 정해 어렸을 때 데려와 보호하고 키웠다.

④ 산이 많고 농사 지을 땅이 넓지 않아 정복 활동을 벌였다.

⑤ 벼농사가 잘 되어 풍족한 생활을 하였다.

5 위 지도를 보고 내가 이 시대에 태어났다면 살고 싶은 나라는 어디인지, 그 이유는 무엇인지 써 볼까요?

① 내가 살고 싶은 나라는 어디인가요? (   )

② 그 이유는 무엇인가요?

----

3 고구려의 왕자, 백제를 건국하다

 이때는 말이야~

5-2 1. 옛사람들의 삶과 문화
① 나라의 등장과 발전

박혁거세가
지금의 경주 지역을
중심으로 세웠어.

온조가 한강 유역에
백제를 세웠어!

신라 건국
기원전 57년

백제 건국

기원전 18년

기원전 37년
고구려 건국

주몽이 졸본에
고구려를 건국했어!

나는 백제 최고의
정복왕,
근초고왕이다!

백제,
고구려 평양성 공격

371년

백제는 372년과 373년에
중국 동진에 사신을 파견해
교류를 시작했어.

346년
근초고왕,
백제 제13대 왕 즉위

근초고왕이 고구려
평양성을 공격해
고국원왕을 전사시켰어!

372년
백제, 중국과
외교 관계 수립

○━ 키워드

온조

溫 따뜻할 **온**

祚 복 **조**

온조는 백제 제1대 왕으로 '하늘에서 내려온 따뜻한 복'이라는 뜻이다. 온조는 자신의 이름처럼 백성들을 따뜻하게 보살폈으며 신하들의 의견에 귀를 기울여 나라를 안정시키는 정치를 펼쳤다.

주몽: 고구려 제1대 왕 동명성왕으로, 고구려의 시조이다.

하백: 고구려 건국 신화에 나오는 물의 신이다.

졸본: 고구려의 첫 도읍이다.

토착 세력: 본래 그 땅에 살고 있던 세력이다.

친구들, 반가워! 나는 백제를 건국한 **온조**라고 해. 나는 원래 고구려의 왕자였고, 나의 아버지는 고구려를 세운 **주몽**이야. 그런데 왜 고구려의 왕이 되지 않고 백제를 세운 거냐고? 아, 그 이야기를 하자니 벌써부터 마음이 아프네. 하지만 꾹 참고 고구려의 건국 이야기부터 들려 줄게.

나의 아버지 주몽은 하느님의 아들 해모수와 **하백**의 딸 유화 사이에서 태어났어. 유화는 부여 왕의 보살핌을 받으며 지내다가 알을 낳았는데, 알에서 태어난 아이가 주몽이야. 아버지 주몽은 부여의 왕자로 자랐어. 아버지는 어려서부터 활을 잘 쏘았는데, 쏘기만 하면 백발백중이었대. 또, 용맹하고 지혜로운데다 키도 크고 잘생겨서 부여의 왕자들이 엄청 질투했다지 뭐야? 급기야 부여의 왕자들은 아버지 주몽에게 왕의 자리를 빼앗길 것이 두려워 아버지를 죽이려고까지 했대. 그걸 눈치챈 아버지가 부여를 탈출한 거야.

아버지는 부여 군사들의 추격을 간신히 따돌리고 천신만고 끝에 **졸본** 땅에 도착했지만, 그것으로 불행 끝, 행복 시작이 아니었어. 졸본 땅에 살고 있는 **토착 세력**들이 결코 만만한 상대가 아니었거든.

실제로 아버지는 졸본에 도착하자마자 피 튀기는 정복 전쟁을 벌였는데, 그 과정이 얼마나 **험난했는지** 두고두고 말해 주셨어. 이때 아버지가 기적같이 나의 어

⊙ 졸본성으로 추정되는 오녀산성

머니, **소서노**를 만난 거야. 어머니는 졸본 땅에서 **막강한** 세력의 딸이었는데, 아버지를 보자마자 홀딱 반해 결혼했대. 혼인한 날, 어머니는 아버지에게 이렇게 말했다고 해.

"내가 가진 모든 것으로 당신을 돕겠어요."

어머니는 아버지에게 한 약속을 **철석같이** 지켰어. 그 후, 아버지는 어머니 세력의 막강한 힘과 재산으로 고구려를 건국할 수 있었어. 그래서일까? 아버지는 어머니를 사랑했고, 나와 비류 형님도 무척 아껴 주었어. 그리고 고구려는 정복 전쟁에서 연전연승을 이어가면서 영토를 넓혀 갔고, 우리 가족도 고구려 백성들도 행복하게 살았어. 그 사건이 벌어지기 전까지 말이야.

험난하다: 험하여 고생스럽다.

막강하다: 더할 수 없이 세다.

철석같이: '마음이나 의지, 약속 따위가 매우 굳고 단단하게'를 말한다.

아버지. 저 유리입니다!

내 아들 유리야. 정말 보고 싶었단다.

주몽(동명성왕)

유리

비류

온조

어느 날, 마른하늘에 날벼락 같은 사건이 일어났어. 부여에서 아버지의 아들인 **유리**가 고구려에 온 거야. 사실 아버지는 부여를 탈출할 때 부인과 아들을 두고 왔거든. 아버지는 항상 그 일을 마음에 두고 있었는데, 유리가 찾아왔으니 얼마나 반갑고 좋았겠어? 그 마음은 충분히 이해가 돼. 하지만 아버지가 한 폭탄선언은 나는 물론 온 나라의 신하와 백성들을 놀라게 했단다.

"내 아들 유리에게 고구려 왕의 자리를 물려줄 것이오."

이게 말이 되냐고? 유리는 아버지의 큰아들이라는 것 말고는 아무 것도 한 일이 없잖아. 고구려 건국의 **일등 공신**이 어머니란 걸 생각하면 아들인 비류 형님이나 내가 고구려 **왕위**를 물려받아야 하는 거 아니야? 아버지의 폭탄선언에 나라 안이 발칵 뒤집혔고, 신하들은 유리 편과 비류·온조 편으로 나뉘어 다툼을 벌였어. 곧 형제 간에 피 터지는 전쟁이 벌어질 것 같은 아슬아슬한 상황이었지.

그때였어! 어머니 소서노가 앞으로 나서며 말했어.

"형제끼리 싸우는 건 대장부가 할 짓이 아니다. 나라는 다시 세우면 된다. 우리가 고구려를 떠나자!"

어때? 우리 어머니 정말 멋있지 않아? 나와 비류 형님은 어머니의 뜻을 받들어 고구려를 떠날 준비를 서둘렀어. 그런데 이게 웬일이야? 고구려의 수많은 신하와 백성들이 우리를 따라 나서는 거야. 고구려 백성들이 우리를 얼마나 믿고 따랐는지 짐작이 되지?

★ 참고 자료

유리는 주몽이 부여를 탈출할 때 두고 온 첫째 아들이다. 반면 비류와 온조는 소서노가 주몽과 결혼할 때 데려간 아들이라는 기록이 있다.

일등 공신: 어떤 일에 대하여 공적이 가장 뛰어나거나 훌륭한 인물이다.

왕위: 임금의 자리를 말한다.

우리 일행은 무리를 이끌고 남쪽으로 내려오다가 한강 유역에 이르렀어. 딱 보니 북쪽은 큰 강이 흐르고, 동쪽은 높은 산이 있고, 남쪽은 기름진 들판이 펼쳐져 있고, 서쪽은 바다와 통해 있는 **명당**자리란 말이지. 새로운 나라를 세우기에 이보다 좋은 곳은 없었어.

비류 형님은 바닷가에 나라를 세우겠다며 미추홀(지금의 인천)로 떠났고, 나는 이곳 한강 근처의 **위례성**(지금의 서울)에 도읍을 정하고 나라를 세웠단다. 나의 선택은 탁월했어. 비류 형님이 선택한 미추홀은 땅에 소금기가 많아 농사짓기가 어려워 백성들이 편히 살 수 없었어. 반면 내가 정착한 한강 유역은 농사가 잘 되어 백성들이 살기 좋았지.

결국 비류 형님은 백성들을 이끌고 내가 있는 위례성으로 왔고, 나는 온 백성과 신하들을 위례성에 모아 놓고 '**백제**'가 건국되었음을 온 세상에 선포했단다.

백제

百 일백 **백**

濟 건널 **제**

'백제'는 '모든 백성들이 즐겁게 따르는 나라'라는 뜻을 담고 있다. 온조가 처음 나라를 세울 때 10명의 신하와 함께 나라를 세웠다는 뜻으로 '십제'라고 지었으나, 비류의 백성을 받아들인 뒤 모든 백성이 따르는 나라 '백제'로 다시 이름을 정했다.

명당: 집을 짓거나 무덤을 만들기에 좋은 자리이다.

삼국

三 석 **삼**
國 나라 **국**

4세기 초에서 7세기 중엽까지 함께 발전하며 대립하고 교류하던 고구려, 백제, 신라 세 나라를 말한다.

★참고자료

백제는 한강 유역의 좋은 자연환경을 바탕으로 고대 국가의 기틀을 마련했으며, 세련되고 우아한 문화를 발달시켰다. 이후 웅진(공주), 사비(부여)로 도읍을 옮겨 가며 더욱 발전하였다.

⊙ 백제 금동 대향로
   (국보 제287호, 국립
   부여 박물관)

아버지가 고구려를 세울 때 수많은 전쟁을 벌였으니, 백제를 건국할 때도 전쟁을 벌였냐고? 다행히 우리는 큰 전쟁 없이 무사히 백제를 세웠단다. 우리가 누구야? 바로 용맹스럽고 씩씩한 고구려의 후손들이잖아. 한강 유역에 사는 사람들은 번쩍거리는 무기를 갖추고 용맹하기로 소문난 우리를 보고 맞서 싸울 생각을 일찌감치 접었어.

그 후, 내가 세운 백제는 남쪽으로 영토를 넓히면서 나날이 발전했어. 백제는 **삼국** 중에서 가장 넓은 평야를 갖고 있었는데, 드넓은 평야에서 거두어들이는 풍부한 곡식은 백성들에게 풍요로운 생활을 안겨 주었어. 또 남쪽 지방에서 생산되는 풍부한 철광석을 사용하여 농기구를 만들어 농사를 지었고, 무기를 만들어 강한 군대를 키웠지. 그리고 서쪽으로 바다를 끼고 있어서 중국의 여러 나라와 교류하며 그들의 선진 문물을 받아들였단다.

이쯤 해서 내 후손 자랑 좀 해도 될까? 나의 후손들은 나를 본받아 훌륭하게 나라를 다스렸어.

북쪽에 있는 고구려가 중국의 여러 나라와 전쟁을 벌이는 동안, 내 후손들은 비교적 안정된 곳에서 왕권을 강화하고, 법을 만들고, 백성들의 마음을 하나로 모으면서 삼국 중 가장 먼저 **전성기**를 맞았어.

○ 백제의 전성기(4세기, 근초고왕)

그중에서도 백제 최고의 정복왕이라고 할 수 있는 **근초고왕**은 내가 정말 자랑스러워하는 후손이야. 근초고왕은 왕이 되자마자 남쪽을 공격해 마한을 모두 정복한 다음, 북쪽으로 눈을 돌렸지. 고구려가 남쪽으로 세력을 확장하는 것을 막기 위해서 371년에는 고구려 평양성으로 쳐들어가 그 당시 고구려 왕이었던 고국원왕을 전사시키며 큰 승리를 거두었단다.

근초고왕은 중국, 일본(왜)과 활발하게 교류하기도 했어. 이로써 4**세기**에 백제는 한반도에서 가장 강한 나라가 되었고, 바다 건너 여러 나라들과 외교 관계를 맺으며 국제 무대의 주인공으로 급부상했어. 정말 대단하지 않아?

그나저나 고구려가 고국원왕의 복수를 하겠다고 칼을 갈고 있다는 소문이 들려오던데, 괜찮을까?

전성기: 어느 집단의 힘이 가장 강하던 시기를 말한다.

★ 참고 자료

근초고왕: 백제 제13대 왕인 근초고왕이 고구려의 평양성을 공격하여 고국원왕이 전사하였고, 마한을 복속시키며 백제 역사상 가장 넓은 영토를 개척했다. 이때 백제는 남해안에서 황해도까지 영토를 확장하며 전성기를 이루었다.

세기: 100년을 1세기로 하여 연대를 세는 단위이다. (4세기는 301년부터 400년까지이다.)

★ 참고 자료

칠지도: 백제가 일본 왕에게 선물로 보낸 칼이다. 칠지도는 외적을 물리치는 신비한 힘이 깃든 칼로 왕이 신하에게 내려주는 것이었다. 이를 통해 백제가 왜를 신하로 여겼음을 알 수 있다.

고대 왕들의 탄생 이야기가 궁금해!

옛날 옛적 한반도에는 작은 나라들이 엄청 많았어. 그러다가 북쪽은 고구려, 남서쪽은 백제, 남동쪽은 신라가 차지했어. 참, 낙동강 일대는 가야가 차지했고! 이렇게 한반도는 고대 국가로 들어가는 첫걸음을 뗐지. 그런데 말이야, 각 나라들은 왕의 신비로운 탄생 이야기를 만드는 일에 열중했어. 백성들이 왕을 존경하게 만들기 위해서였지. 그럼 고대 왕들의 탄생 이야기를 살펴볼까?

고구려

주몽, 알을 깨고 태어나다!

하느님의 아들 해모수가 하백의 딸인 유화와 사랑에 빠져 결혼을 했어. 그런데 어느 날 갑자기 해모수가 하늘로 떠나 버린 거야. 유화는 부모의 허락 없이 결혼을 했다고 집에서 내쫓겼지. 그러다가 우연히 동부여 왕의 보살핌을 받게 되었는데 얼마 후 유화는 커다란 알 하나를 낳았어. 동부여 왕이 이상하게 여겨 알을 없애려고 했지만, 새들이 알을 보호하고 개와 돼지들은 알을 피하는 것을 보고 유화에게 다시 돌려 주었지. 그리고 그 알에서 튼튼한 사내아이가 태어났는데, 그 사내아이가 바로 고구려를 세운 '주몽'이야.

신라

박혁거세, 자줏빛 알에서 태어나다!

경주 지방에 여섯 개의 촌으로 이루어진 사로국이라는 작은 나라가 있었어. 어느 날, 한 촌장이 빛이 쏟아져 내리는 신기한 광경을 보게 돼. 그곳으로 가 보니, 우물가에서 흰 말이 무릎을 꿇고 앉아서 울고 있는 거야. 그 모습이 신비로워서 가까이 다가갔더니 흰 말 앞에 자줏빛의 커다란 알 하나가 놓여 있었어. 그리고 그 알에서 잘생기고 건장한 사내아이가 태어났지. 촌장들은 이 아이의 이름을 '박혁거세'라고 지었어. 아이가 태어난 알이 커다란 박처럼 생겼기 때문이지. 그후 13살이 된 박혁거세는 왕이 되어 '서라벌'을 세웠어. 나중에 나라 이름을 신라로 고쳤지.

가야

가야, 여섯 개의 알에서 사내아이가 태어나다!

아홉 명의 촌장들이 마을을 다스리고 있던 어느 날 갑자기 하늘에서 목소리가 들려 왔어. "춤을 추면서 노래를 불러라. 그러면 왕이 탄생할 것이다."라고 말이지. 그래서 촌장들과 마을 사람들은 춤을 추면서 노래를 불렀지. 그때 하늘에서 금빛 상자가 내려왔고, 상자를 열어 보니 태양처럼 둥글고 환하게 빛나는 황금알 여섯 개가 들어 있었어. 그리고 얼마 뒤 그 알에서 여섯 명의 사내아이가 태어났지. 그 중 가장 용모가 뛰어난 사내아이를 '김수로'라고 부르며 왕으로 삼았어.

 / 무엇이든 물어뚱!

Q. 왜 나라를 건국한 왕들은 알에서 태어났다고 하는 거야?
A. 고대 국가의 왕들이 알에서 태어난 건 둥근 알이 태양을 상징하기 때문이야. 하늘에 떠 있는 태양의 존재는 그 당시 사람들에게 신비로워 보였을 거야. 즉, 알에서 태어났다고 이야기하는 것은 태양이 떠 있는 <u>하늘에서 내려온 신성한 존재</u>라는 것을 뜻해. 또 알에서 나오려면 껍질을 깨야 하는데, 인간 세상과는 다른 세상에서 온 존재라는 것을 말하기도 하지.

Q. 백제의 온조는 왜 알에서 태어났다고 하지 않았을까?
A. 온조가 알에서 태어났다고 하지 않은 건 <u>신분이 확실했기 때문이야.</u> 고구려를 세운 주몽이 아버지였고, 그의 아들이었던 온조는 굳이 신비로운 탄생 이야기를 만들지 않아도 사람들에게 충분히 존경과 두려움의 대상이었을 거야.

1 다음은 고구려와 백제 건국에 대한 설명이에요. 설명에 알맞은 말을 쓰고, 낱말 퍼즐에서 정답을 찾아 ◯ 해 보세요.

1 주몽이 자란 나라로, 죽음의 위협을 느껴 탈출한 곳은? ( )

2 주몽이 고구려를 세운 곳은? ( )

3 온조가 백제를 세우고 도읍으로 삼은 곳은? ( )

4 비류가 한강 유역을 떠나 나라를 세운 곳은? ( )

하	발	부	여
백	제	사	위
졸	본	미	례
미	추	홀	성

2 백제의 최고 전성기를 이끈 왕의 이름을 쓰고, 이 왕의 업적을 찾아 모두 ◯표 하세요.

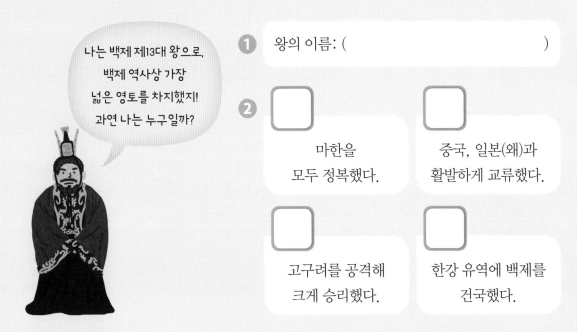

나는 백제 제13대 왕으로, 백제 역사상 가장 넓은 영토를 차지했지! 과연 나는 누구일까?

1 왕의 이름: ( )

2
☐ 마한을 모두 정복했다.

☐ 중국, 일본(왜)과 활발하게 교류했다.

☐ 고구려를 공격해 크게 승리했다.

☐ 한강 유역에 백제를 건국했다.

3 다음은 고구려와 백제 건국 과정에 등장하는 인물들이에요. 말하는 사람이 누구인지 이름을 쓰고, 빈칸에 알맞은 말을 채워 넣으세요.

❶ 나는 누구일까요?

나는 갖은 고생 끝에 졸본을 도읍으로 삼고 [　　　　　]을/를 세웠지만 마음 한구석이 허전했어. 부여를 탈출할 때 아내와 아들을 두고 왔기 때문이지. 그런데 어느 날, 나의 큰 아들인 [　　　　　]이/가 고구려에 찾아왔어.

❷

나는 주몽이 고구려를 건국하는데 큰 역할을 했어. 주몽이 부여에서 온 큰 아들을 후계자로 선택하자 고구려의 신하와 백성들은 두 편으로 갈라져 싸웠지. 그래서 나는 내 아들인 비류와 온조를 데리고 고구려를 떠났어.

나는 누구일까요?

❸ 나는 누구일까요?

나는 한때 고구려의 왕자였지만 유리에게 왕위를 빼앗겨 남쪽으로 내려왔고, 한강 유역에 [　　　　　]을/를 세웠어. 나는 한강 유역의 좋은 자연 환경을 바탕으로 나라를 발전시켜 나갔지.

❹

나도 고구려의 왕자였지만 어머니, 동생과 함께 고구려를 떠났어. 나는 바닷가에 나라를 세우기 위해 [　　　　　](으)로 떠났지만 땅에 소금기가 많아 백성들이 농사짓기 어려웠고, 결국 백성들을 이끌고 동생에게 갔어.

나는 누구일까요?

1 주몽이 고구려를 건국할 수 있었던 까닭에 대해 친구들이 이야기하고 있어요. 어떤 친구의 의견이 가장 타당하다고 생각하는지 선택하고, 그 까닭은 무엇인지 써 볼까요?

tip 주몽이 고구려를 무사히 세울 수 있었던 까닭은 무엇인지 생각해 봐.

주몽은 하늘의 자손이잖아. 하늘이 주몽을 도와 고구려를 건국한 거야.

대한

주몽의 뛰어난 무예 실력과 용맹함, 지혜로움이 고구려 건국의 가장 큰 힘이 되지 않았을까?

민정

부인인 소서노의 도움이 컸을 거야. 소서노는 자신의 권력과 재산으로 주몽이 고구려를 건국할 수 있게 도와 주었어.

수혁

❶ 어떤 친구의 의견을 선택했나요? (   )의 의견

❷ 그 까닭은 무엇인가요?

----

2 온조는 한강 유역에 백제를 건국했어요. 한강 유역에 살던 사람들이 온조와 전쟁을 벌이지 않고 온조의 백성이 된 까닭을 떠올리며 다음 질문에 대답해 보세요.

tip 백제를 건국한 온조의 출신 배경을 떠올려 볼까?

나는 고구려의 왕자, 온조다! 이곳에 나라를 세울 것이다.

네, 백제의 백성이 되겠습니다. 우리를 다스려 주세요.

왜 우리와 싸우지 않고 순순히 백제의 백성이 된 건가?

3 백제는 삼국 중에서 가장 먼저 전성기를 맞이했어요. 다음 지도를 보면서 백제가 가장 먼저 발전할 수 있었던 까닭은 무엇이었는지 키워드를 참고하여 써 볼까요?

tip 지도에서 삼국의 위치를 보며 백제가 가장 먼저 발전한 이유를 생각해 보자.

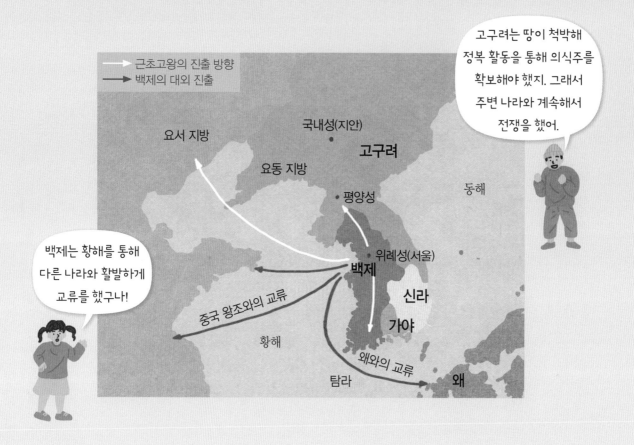

고구려는 땅이 척박해 정복 활동을 통해 의식주를 확보해야 했지. 그래서 주변 나라와 계속해서 전쟁을 했어.

백제는 황해를 통해 다른 나라와 활발하게 교류를 했구나!

→ 근초고왕의 진출 방향
→ 백제의 대외 진출

요서 지방
국내성(지안)
고구려
요동 지방
평양성
동해
위례성(서울)
백제
신라
가야
중국 왕조와의 교류
황해
왜와의 교류
탐라
왜

키워드　　　한강 유역　　넓은 평야　　황해　　중국　　교류

백제가 가장 먼저 발전할 수 있었던 까닭

----

4 고구려의 주몽, 신라의 박혁거세, 가야의 김수로는 모두 알에서 태어났어요. 각 나라를 건국한 왕들이 알에서 태어난 까닭을 쓰고, 나만의 특별한 탄생 이야기도 만들어 볼까요?

tip 각 나라 시조들의 탄생 이야기를 다시 떠올려 봐!

주몽
고구려
박혁거세
신라
김수로
가야

1 각 나라를 건국한 왕들이 알에서 태어난 까닭

----

2 나만의 특별한 탄생 이야기

부모님께 내 태몽이 무엇이었는지 물어 봐!

4 대제국을 건설한 고구려

이때는 말이야~

나, 광개토 대왕은 왕위에 오르자마자 활발한 정복 활동을 펼치며 고구려의 전성기를 열었지!

백제,
고구려 평양성 공격

371

광개토 대왕,
신라를 도와 왜를 물리침.

400

391

광개토 대왕,
고구려 제19대 왕 즉위

나는 아버지 광개토 대왕의 뒤를 이어 영토 확장에 힘썼어.

장수왕이 국내성에서 평양성으로 도읍을 옮긴 까닭은 남쪽으로 영토를 더욱 넓히기 위해서지.

장수왕, 평양으로 천도

427

413

장수왕, 고구려 제20대 왕 즉위

국내성

평양성

433

나제 동맹

고구려의 남진을 막기 위해 신라와 백제가 손을 잡았어.

○━ 키워드

광개토 대왕

廣	넓을	광
開	열	개
土	흙	토
大	큰	대
王	임금	왕

고구려 제19대 왕으로, 이름은 담덕(談德)이다. 고구려의 영토를 만주 땅까지 넓혀서 '광개토 대왕'으로 이름이 붙여졌다.

백잔: 고구려가 '백제'를 낮춰 부르던 말이다.

오랑캐: 옛날 한반도 북쪽에 살던 거란, 숙신 등 이민족들을 낮잡아 이르던 말이다.

광개토 대왕, 동북아시아를 호령하다

"내 첫 정복 상대는 **백잔**이다."

열여덟 살의 어린 왕 광개토 대왕의 갑작스러운 선언에 신하들의 눈이 휘둥그레졌어요.

광개토 대왕은 세자 시절부터 무예가 뛰어나고 용맹했어요. 하지만 그 누구도 광개토 대왕이 왕위에 오르자마자 이렇게 빨리 정복 전쟁을 하겠다고 나설 줄은 짐작도 못했지요.

"대왕 님, 이렇게 바로 준비도 없이 백제와 전쟁을 벌이면 우리 고구려가 어려움을 겪게 될 수도 있습니다."

전쟁 경험이 많은 나이 지긋한 신하가 공손하게 아뢰었어요.

"백잔은 고구려의 오랜 원수요. 내 할아버지인 고국원왕께서 백잔에게 목숨을 잃으신 걸 생각하면 지금도 피가 거꾸로 솟는 것 같소."

광개토 대왕은 두 주먹을 불끈 쥐며 말했어요.

"내가 백잔을 먼저 치려는 것에는 다른 이유도 있소. 난 우리 고구려의 영토를 북쪽으로 넓히려 하오. 그런데 우리가 북쪽 **오랑캐**들을

정**벌**할 때 우리 고구려를 호시탐탐 노리고 있는 백잔이 쳐들어오면 어찌 막을 수 있겠소. 그러니 그 전에 백잔부터 단속할 생각이오."

광개토 대왕은 왕위에 오른 바로 다음 해에 군사 4만을 이끌고 백제로 쳐들어갔어요. 백제는 광개토 대왕이 군사 부리는 솜씨가 뛰어나다는 말에 겁을 먹고, 고구려의 공격을 막을 엄두를 내지 못했어요. 그러는 사이 광개토 대왕은 백제의 주요 성들을 **함락**시켰고, 한강 유역까지 영토를 확장하며 한반도 남부 지역까지 명성을 떨쳤지요.

396년, 고구려는 대대적으로 백제를 공격해 위례성을 **포위**하고 백제 왕에게서 '고구려의 영원한 신하가 되겠다.'는 항복을 받아 냈어요.

그 와중에 광개토 대왕은 **거란**을 공격해 북쪽 영토 일대를 **장악**하고 예전에 잡혀갔던 고구려 백성들을 다시 데려왔어요. 광개토 대왕은 거란 백성들을 포로로 삼고 수많은 가축과 소금 등의 전리품을 수레에 가득 실어 고구려로 돌아왔어요. 광개토 대왕이 나누어 준 전리품을 받은 백성들은 크게 기뻐하며 광개토 대왕의 은혜에 감사했답니다.

함락

陷 빠질 **함**

落 떨어질 **락**

광개토 대왕은 기동력 있는 군사들과 주변 나라들을 공격하고, 여러 성들을 함락시켰다.

정벌: 적 또는 죄 있는 무리를 무력으로써 치는 것이다.

포위: 주위를 에워싸는 것을 말한다.

거란: 5세기 중국 동북 지방에서 일어난 부족이다.

장악: 손 안에 잡아 쥐거나 무엇을 마음대로 할 수 있게 되는 것을 말한다.

사신: 임금이나 국가의 명령을 받고 외국에 사절로 가는 신하이다.

곤경: 어려운 형편이나 처지이다.

★ 참고 자료

백제는 왜, 가야와 연합하여 여러 차례 신라를 침략하였다. 그러나 단독으로 백제, 왜, 가야의 연합 세력을 물리칠 수 없었던 신라는 우호적 관계에 있었던 고구려의 군사적 지원을 받게 되었다. 399년에 내물왕이 군사적 지원을 요청하자 고구려의 광개토 대왕은 이듬해 5만 명의 군사를 신라에 보냈다.

400년, 광개토 대왕은 평양에 들러 백성들을 살피고 있었어요. 그때 신라에서 급히 **사신**이 찾아왔다는 소식을 들었어요. 광개토 대왕은 신라의 사신과 마주했어요.

"존경하는 광개토 대왕님, 지금 신라가 큰 **곤경**에 처했습니다. 왜가 백제, 가야와 손잡고 저희 신라를 침략했습니다. 부디 신라를 도와주십시오."

신라 사신의 말에 광개토 대왕은 한치의 망설임도 없이 답했어요.

"우리 대고구려의 아우인 신라를 돕는 데 무엇을 망설이겠는가? 신라에 우리 고구려 군사를 보낼 것이다."

광개토 대왕은 용맹한 5만 명의 고구려 군사들을 보내 왜군을 물리쳤어요. 왜군은 광개토 대왕의 이름만 들어도 벌벌 떨었어요.

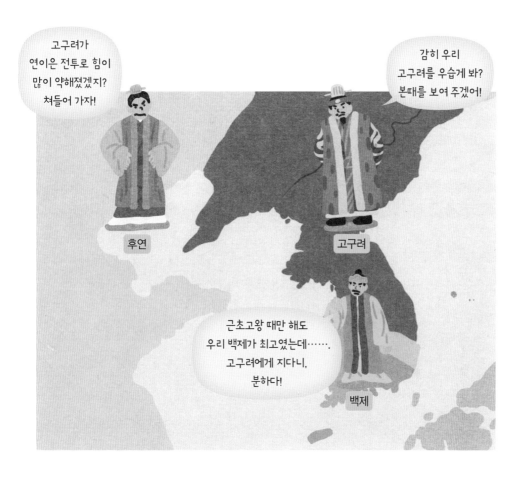

후연: 고구려와 국경을 마주하고 있던 나라 중 하나이다.

엄두: 감히 무엇을 하려는 마음을 먹음. 또는 그 마음을 말한다.

길목: 길의 중요한 통로가 되는 곳이다.

급습: 갑자기 공격하는 것을 말한다.

요동: 중국의 랴오허강(요하)을 기준으로 동쪽 지역을 요동이라고 한다.

얼마 지나지 않아 중국의 **후연**이 고구려에 쳐들어왔어요. 고구려가 연이은 전투를 치르며 힘이 약해졌다고 생각한 거예요.

"후연이 우리 고구려를 우습게 여기는군. 이번 기회에 다시는 쳐들어올 **엄두**를 내지 못하게 하겠소."

광개토 대왕은 군사들을 이끌고 후연군이 오는 **길목**에 숨어 기다리다가 후연군을 **급습**했어요. 갑작스러운 공격에 후연군은 꼼짝없이 당하고 말았어요. 그 후로도 광개토 대왕은 주변 국가와 전쟁을 하며 영토를 넓혀 나갔어요. 이로써 고구려는 서쪽으로 **요동** 지역을 차지하고, 남쪽으로는 한강 지역까지 영토를 차지하며 **고구려의 전성기**를 열었어요. 광개토 대왕은 정복 전쟁이 끝난 뒤에도 강한 고구려, 백성들이 잘사는 고구려를 만들기 위해 늘 고민했어요. 그러다가 큰 병에 걸렸고, 얼마 못 가 세상을 떠났어요. 그때 광개토 대왕의 나이는 불과 서른아홉 살이었어요.

> ★ **참고 자료**
> 광개토 대왕은 고구려의 영토를 크게 확장시키고, 정치 제도를 정비하는 데 힘썼어요. 중앙 관직을 새로 설치하고, '영락'이라는 연호를 사용하였으며, 평양에는 9개의 절을 세워 불교를 장려하였다.

장수왕

長 길 **장**

壽 목숨 **수**

王 임금 **왕**

광개토 대왕의 아들로, 광개토 대왕의 뒤를 이어 고구려 제20대 왕이 되었다. 장수왕은 78년 동안 왕위에 있으며 고구려의 전성기를 이끌었고, 97세까지 건강하게 오래 살아 '장수왕'이라고 불린다.

국내성(지안): 삼국 시대 초기의 고구려의 도읍으로 장수왕이 평양성으로 수도를 옮길 때까지 425년 동안 고구려의 수도였다. 현재 중국 지린성 지안현에 있는 도시이다.

장수왕, 고구려 전성기를 이어가다

고구려 **국내성(지안)** 외곽, 장수왕과 신하들 그리고 수많은 백성들이 커다란 비석 앞에 머리를 조아렸어요. 비석은 웬만한 성인 남자 키의 서너 배는 될 정도로 컸어요. 잠시 후 장수왕이 고개를 들어 백성들을 향해 감격에 찬 목소리로 외쳤어요.

"오늘 드디어 이곳에 **광개토 대왕릉비**가 세워졌다. 고구려의 모든 백성은 광개토 대왕의 위대한 업적을 소리 높여 칭송하라!"

그러자 백성들 사이에서 커다란 외침이 터져 나왔어요.

"광개토 대왕 만세! 장수왕 만세!"

며칠 후, 장수왕이 신하들을 한 자리에 불러 모았어요.

"이제 나는 아버지의 뜻을 이어받아 고구려의 영토를 더욱 넓힐 것이오. 고구려의 도읍을 국내성에서 평양으로 옮기겠소. 아버지 광개토 대왕께서 북쪽으로 영토를 넓히셨고 북쪽 국경도 안정되었으니, 이제 남쪽으로 영토를 넓히려 하오. 그대들은 이 뜻을 이루는 데 한치의 어긋남도 없어야 하오."

427년 장수왕은 **평양**으로 도읍을 옮겼어요. 평양은 국내성보다 남쪽에 있어서 날씨가 따뜻하고 대동강을 끼고 있어 곡식이 풍부했어요. 그리고 무엇보다 국내성을 기반으로 하고 있던 귀족들의 세력을 누르고 왕권을 강화하는 기회로 삼을 수 있었지요.

★ **참고자료**

광개토 대왕릉비: 장수왕이 광개토 대왕의 업적을 기리기 위해 세운 비석으로, 광개토 대왕 때 "나라가 부강하고 백성이 편안했으며 오곡이 풍성하게 익었다."고 새겨져 있다. 현재 중국 지린성 지안현에 있다.

한편, 백제의 비유왕은 **청천 벽력**과도 같은 고구려의 평양 **천도** 소식에 이를 갈았어요.

"광개토 대왕에게 한강 북쪽의 땅을 빼앗긴 뒤로 마음을 놓을 수 없었는데, 이제 그 아들이 다시 백제를 노리는 구나."

백제는 신라에 사신을 보내 동맹을 맺자고 제안했어요.

⊙ 고구려의 전성기(5세기, 광개토 대왕, 장수왕)

나제 동맹

羅 그물 **나**
濟 건널 **제**
同 같을 **동**
盟 맹세할 **맹**

삼국 시대에 고구려의 남진 정책에 대항하기 위해 433년에 신라와 백제가 맺은 동맹이다. 신라의 '라(나)'와 백제의 '제'를 붙여 '나제 동맹'이라 부른다. 두 나라가 필요할 때 서로 병력을 지원하자고 약속하였다.

"고구려가 평양으로 도읍을 옮기고 우리 백제와 신라의 땅을 넘보려 하니 동맹을 맺어 고구려를 막읍시다."

백제의 동맹 제안을 받은 신라는 남몰래 미소를 지었어요. 사실 신라는 고구려 광개토 대왕의 도움을 받아 왜를 물리친 이후 고구려로부터 **내정 간섭**을 받고 있었어요. 그래서 신라는 어떻게 하면 고구려의 내정 간섭에서 벗어날 수 있을까 고민하고 있었거든요.

신라는 백제의 동맹 제안을 받아들였어요. 이른바 **나제 동맹**이 맺어졌지요. 두 나라가 동맹을 맺었다는 소식은 곧바로 장수왕의 귀에 들어갔어요.

"그동안 신라와 백제의 움직임이 심상치 않다 했더니 역시 두 나라가 손을 잡았군. 이제 우리는 신라와 백제를 모두 공격할 것이다. 철저히 전쟁 준비를 하라!"

장수왕은 군사를 훈련시키고 무기를 만들며 전쟁 준비를 하는 한편 백제에 **도림**이라는 승려를 보내 움직임을 살피게 했어요.

청천벽력: 맑게 갠 하늘에서 치는 날벼락이라는 뜻으로, 뜻밖에 일어난 큰 변고나 사건을 비유적으로 이르는 말이다.

천도: 도읍을 옮기는 것을 말한다.

내정 간섭: 다른 나라의 정치에 간섭하는 것이다.

위엄: 존경할 만한 위세가 있어 점잖고 엄숙한 태도나 기세이다.

원성: 원망하는 소리이다.

★ 참고 자료

충주 고구려비: 충청북도 충주시에 있는 삼국 시대 고구려의 비석으로, 고구려 장수왕이 남쪽으로 영토를 넓힌 것을 기념하기 위해 세운 것이다.

백제로 간 도림은 자신의 뛰어난 바둑 솜씨를 이용해 평소 바둑을 좋아하는 백제 개로왕에게 접근했고, 단숨에 왕의 마음을 사로잡았어요. 이후 기회를 엿보던 도림이 왕에게 한 가지 제안을 했어요.

"폐하, 지금 이 궁궐은 폐하께서 지내시기에 너무 작습니다. 궁궐을 크게 지어 폐하의 **위엄**을 높이소서."

도림의 말에 솔깃한 개로왕은 백성들을 강제로 동원하고 나라의 재정을 끌어모아 궁궐을 짓기 시작했어요. 여기저기서 백성들의 **원성**이 터져 나왔고, 나라의 재정은 바닥이 났지요. 도림은 이러한 백제의 사정을 장수왕에게 알렸어요.

"이제 백제를 공격할 때가 되었다."

장수왕은 군사를 이끌고 백제를 공격해 도읍이었던 위례성(지금의 서울)을 함락시키고 한강을 차지했어요.

장수왕은 기세를 몰아 489년에는 신라의 충주 지역까지 공격해 여러 성을 함락시키고 그곳에 **충주 고구려비**를 세웠어요. 이 비석은 중원 고구려비라고도 하는데 '중원(中原)'은 나라 가운데 있다는 뜻으로 통일 신라 시대에 충주 지방을 부르던 이름이에요. 장수왕은 이렇게 한반도 중부 지방을 완전히 장악하며 아버지 광개토 대왕 때 열었던 고구려의 전성기를 이어갔어요.

◎ 충주 고구려비(충청북도 충주시, 국보 제205호)

당시 고구려의 생생한 삶을 엿보다

고분 벽화는 무덤 안의 천장이나 벽에 그려 넣은 그림을 말해. 비록 그 시대를 찍은 사진은 없지만 1,500여 년 전 고구려 사람들이 그려 놓은 고분 벽화를 통해 우리는 고구려 사람들이 어떻게 살았는지 생생하게 확인할 수 있어. 그럼 고구려 사람들의 삶의 모습은 어땠는지 고분 벽화를 통해 자세히 살펴볼까?

용맹한 고구려인의 모습이 잘 보이지?

◎ 무용총 수렵도(중국 지린성 지안현)

고구려를 건국한 주몽은 활쏘기
1인자였다고 해! 그래서인지 주몽의 후예인
고구려 사람들은 활쏘기를 무척 잘했어!
매년 사냥 대회를 열어 활쏘기 실력을 겨루고
솜씨가 좋은 사람은 장군으로 삼기도 했어!
이 벽화에서 말을 타고 달려가며 동물을 사냥하는
고구려 사람들의 용맹함이 느껴지지 않니?

부부가 하인들을 거느리고
곡예단(서커스단) 공연을 구경하고 있어!
음, 그런데 귀족 부부는 크게 그려져 있고,
양산을 받쳐 주고 있는 하인들은 작게 그려져 있네.
사람에 따라 크기를 다르게 그린 걸로 보아
고구려 때에도 신분 제도가 있었나 봐!

왜 사람마다 크기를 다르게 그렸을까?

귀족은 크게,
하인은 작게!

◎ 수산리 고분 벽화(평안남도 강서군)

1 다음 키워드 를 참고하여 빈칸에 알맞은 말을 써서 인물 카드를 완성해 보세요.

키워드					
고구려	백제	신라	왜	요동	요서
나제 동맹	나당 동맹	위례성	평양		

❶

광개토 대왕

공격력 ★★★★★
방어력 ★★★★★

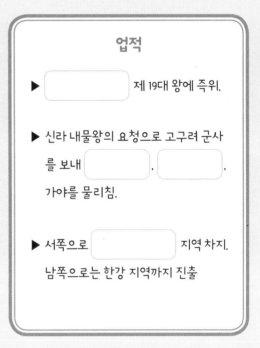

업적

▶ [   ] 제 19대 왕에 즉위.

▶ 신라 내물왕의 요청으로 고구려 군사를 보내 [   ], [   ], 가야를 물리침.

▶ 서쪽으로 [   ] 지역 차지.
남쪽으로는 한강 지역까지 진출

❷

장수왕

공격력 ★★★★★
방어력 ★★★★★

업적

▶ 고구려 제20대 왕에 즉위.

▶ 남쪽으로 영토를 넓히고자 고구려의 도읍을 국내성에서 [   ] (으)로 옮김.

▶ [   ] 이/가 맺어지자 백제에 승려 도림을 보내 백제의 국력을 약하게 만든 다음 백제를 공격함.

2 다음 (   ) 안의 알맞은 말에 ○표 해 보세요.

 ❶ 광개토 대왕의 할아버지인 (소수림왕 , 고국원왕)은 백제와의 전쟁 중 목숨을 잃었어.

 ❷ 장수왕은 남쪽으로 영토를 넓힌 것을 기념하기 위해 (광개토 대왕릉비 , 충주 고구려비)를 세웠어.

3 친구들이 '고구려의 전성기'라는 학습 주제에 대해 이야기하고 있어요. 바르게 말한 친구의 이름을 모두 써 볼까요?

학습 주제
- 고구려의 전성기(5세기) -

광개토 대왕은 거란을 정복한 기념으로 비석을 세웠어.

장수왕은 남쪽으로 땅을 넓히기 위해서 도읍을 옮겼어!

장수왕은 백제의 영역이었던 한강 유역을 차지하며 중부 지방을 완전히 장악했어!

태민   서준   지민

(   )

1 고구려의 광개토 대왕과 신라의 내물왕이 메시지로 대화를 주고받고 있어요. 빈칸에 들어갈 알맞은 내용을 써 보세요.

tip 5세기 고구려, 백제, 신라 세 나라의 관계를 떠올려 봐.

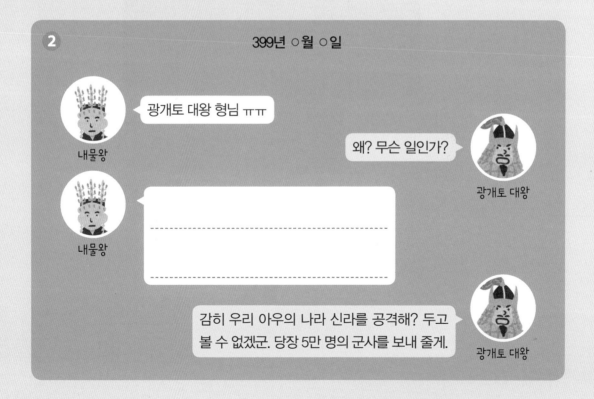

2 장수왕은 고구려의 도읍을 국내성에서 평양으로 옮겼어요. 그 까닭이 무엇인지 아래 지도를 참고하여 써 보세요.

tip 평양은 국내성보다 남쪽에 위치해 있어. 두 곳의 지리적 특성을 떠올려 볼까?

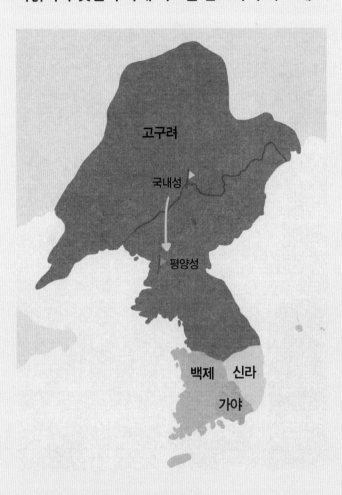

국내성은 고구려의 귀족들이 힘을 키운 곳이기도 해.

장수왕이 고구려의 도읍을 평양으로 옮긴 까닭

3 광개토 대왕의 업적을 떠올려 보고, 광개토 대왕릉비에 어떤
내용이 새겨져 있을지 상상하며 자유롭게 써 보세요.

tip 비석은 죽은 사람의 업적을 칭송하고 이를 후세에 전하기 위하여 문장을 새겨 넣은 돌이야.

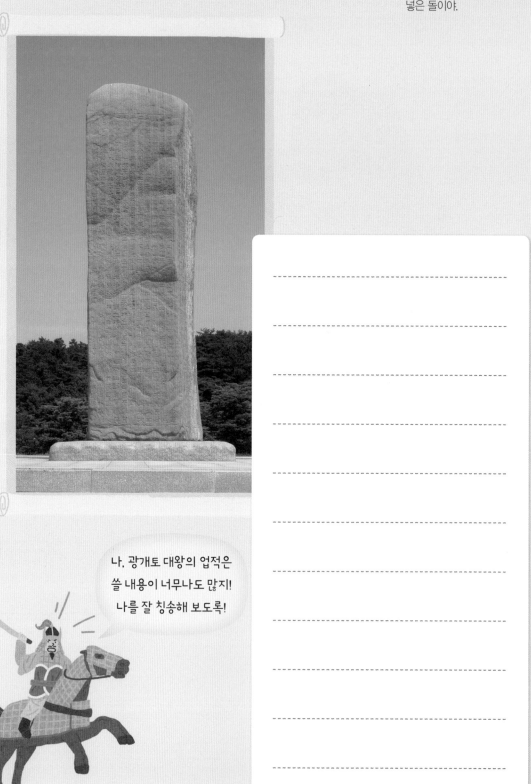

나, 광개토 대왕의 업적은
쓸 내용이 너무나도 많지!
나를 잘 칭송해 보도록!

4 만약 고구려가 삼국을 통일했다면 현재 우리의 영토는 어디까지 이르렀을지 아래 지도에 표시해 보고, 그렇게 표시한 까닭은 무엇인지 써 보세요.

tip 5세기 고구려 전성기 때의 영토를 떠올려 보자.

까닭

✿ 선사 시대 사람들의 모습을 기억하고 있나요? 왼쪽 그림을 잘 보고, 오른쪽 그림에서 틀린 부분 다섯 군데를 찾아 ○표 하세요.

▶ 정답은 〈가이드북〉 14쪽에 있어요.

5 역사 속으로 사라진 철의 나라, 가야

 이때는 말이야~

5-2 1. 옛사람들의 삶과 문화
 ① 나라의 등장과 발전

금관가야는 우수한 철기 문화와 해상 교통의 편리함을 이용해 가야 연맹 국가들 중에서 가장 먼저 성장하며 가야 연맹을 이끌었어.

**김수로왕,
금관가야 건국**

42

**신라 내물왕,
고구려에 구원 요청**

399

3세기
금관가야 성장

서서히 세력이 약해진 금관가야는 신라를 돕기 위해 온 고구려의 공격으로 큰 타격을 받고 몰락하기 시작했어.

5세기에 대가야는 백제,
신라와 대등하게 세력을
다툴 정도로 강했어.

562년 신라 진흥왕 때
대가야가 멸망하게 되면서
가야는 역사 속으로
영원히 사라지게 되었어.

금관가야 멸망

532

5세기 말
대가야 성장

562

대가야 멸망

신라 법흥왕의
공격으로 금관가야가
멸망했지.

○━ 키워드

덩이쇠: 가운데로 갈수록 잘록해지는 간단한 모양의 쇠판으로 철기를 만드는 재료로 사용했고, 화폐로 사용하기도 했다.

단야로: 금속을 불에 달굴 수 있도록 숯을 땔 수 있게 만든 화로이다.

도꼭지: 어떤 분야에서 가장 으뜸이 되는 사람이다.

모루: 대장간에서 달군 쇠를 올려놓고 두드릴 때 받침으로 쓰는 쇳덩이이다.

대장장이: 쇠를 달구어 연장 따위를 만드는 일을 하는 사람이다.

"담이야, **덩이쇠**를 좀 더 가져 오너라."

"예, 아버지."

담이는 얼른 덩이쇠를 가져와 **단야로** 옆에 내려놓았어요. 그리고는 가만히 아버지의 모습을 지켜봤어요. 담이는 얼마 전부터 대장간 **도꼭지**인 아버지에게서 일을 배우고 있어요.

아버지는 단야로에서 충분히 달궈진 덩이쇠를 집게로 집어 **모루**에 올려놓으며 말했어요.

"이렇게 쇠를 불에 달구어 망치로 두드리고 찬물에 담가 식히는 과정을 반복하다 보면 쇠가 점점 더 단단하고 강해진단다. **가야**에서 나는 질 좋은 철에 우리 **대장장이**들의 노력이 더해져 좋은 철기가 만들어지는 것이지."

그런데 가만히 아버지의 말을 듣고 있던 담이의 얼굴이 갑자기 어두워졌어요.

"아버지, 금관가야처럼 우리 대가야도 신라에게 항복하게 될까요? 전쟁터의 분위기가 심상치 않다고 대장간 아저씨들이 이야기하는 걸 들었어요. 우리 대장간이 눈코 뜰 사이 없이 바쁜 것도 전쟁터에 보낼 무기를 만드는 일 때문이잖아요."

"그래, 상황이 좋지 않다고 하더구나. 그래도 우리 모두 최선을 다하고 있으니 좋은 소식을 기다려 보자."

담이는 대답 대신 대장간 안을 둘러보았어요. 작업대 위에는 아버지께서 철로 만드신 전쟁 무기들이 보였어요. 그중 낯선 모양의 갑옷이 눈에 띄었어요.

"아버지, 저건 뭐예요? 못 보던 모양이에요."

"아, 저건 **비늘 갑옷**이란다."

"비늘 갑옷이요?"

"물고기 비늘 모양의 철 조각들을 가죽 끈으로 연결해서 만들었기 때문에 그렇게 부르는 거야. 비늘 갑옷은 작은 철 조각들을 연결해 만든 덕분에 몸에 착 감기듯 맞을 테니, **판갑옷**을 입었을 때보다 몸을 좀 더 자유롭게 움직일 수 있을 게다."

★**참고 자료**

비늘 갑옷: 작은 철 조각들을 가죽끈으로 엮어 만든 갑옷이다. 촘촘하고 가벼워 몸을 움직이는 것이 수월하였으며, 말을 타고 달리면서 싸울 때 유리하였다.

판갑옷: 넓은 철판을 이어 붙여서 사람의 몸통에 맞게 만든 갑옷이다. 머리, 목, 팔을 모두 감싸는 형태로, 단단하지만 무겁고 불편하다는 것이 특징이다.

아버지는 이마에 흘러내리는 땀을 닦으며 말했어요. 담이는 그 모습이 안쓰러웠어요.

"아버지, 오늘은 그만 쉬세요. 다른 아저씨들은 한참 전에 다들 집으로 가셨잖아요."

"내일 전쟁터에 싣고 갈 무기만 점검하고 마무리하자구나."

아버지는 무기를 실어 놓은 수레로 가서 칼과 창, 화살촉 등을 하나하나 꼼꼼하게 점검하기 시작했어요.

철제

鐵 쇠 **철**

製 지을 **제**

쇠로 만든 물건을 말
한다. 가야가 자리 잡
은 지역은 품질이 좋
은 철이 많이 나왔으
며, 이를 바탕으로 다
양한 철제 무기와 농
기구를 만들었다.

불티나다: 물건을 내놓
기가 무섭게 빨리 팔리
거나 없어지다.

담이는 그런 아버지 옆에 쭈그려 앉았어요.

"아버지, 우리가 만든 **철제** 무기가 정말 그렇게 튼튼해요?"

"물론이지. 무기 뿐이냐? 철제 농기구들도 최고지. 철의 재료인 철
광석이 좋으니 그걸로 만든 철기의 질도 당연히 좋을 수밖에. 그러
니 가야의 철기가 이웃 나라는 물론이고 바다 건너 중국과 왜로 **불
티나게** 팔려 나가는 거란다."

아버지의 목소리에 자신감이 넘쳐 났어요. 덕분에 담이도 전쟁 걱
정으로 우울했던 기분을 조금 떨쳐낼 수 있었어요.

"그러고 보면 우리 가야 사람들은 정말 대단해요. 돌에서 철을 뽑
아내는 최고의 기술을 가지고 있잖아요."

"그렇지? 그 과정을 보면 정성도 이만저만 필요한 게 아니란다."

그러면서 아버지는 담이에게 철을 만드는 과정을 자세하게 설명해
주었어요.

철기는 이렇게 만들어진단다!

① 철광석 채취하기

② 철 뽑아내기

철을 만들려면 산에서 철광석을 채취해야 해. 다
행히 가야의 철은 땅 표면 가까이에 묻혀 있어서
채취하기가 수월하지.

철광석을 잘게 부수고 숯과 함께 가열해서 녹인 뒤
철을 뽑아내야 해. 불순물 없는 좋은 철을 얻기 위
해서는 화력이 센 숯이 필요하지.

담이가 갑자기 한숨을 푹 내쉬며 말했어요.

"후, 이렇게 튼튼하고 좋은 철제 무기를 가지고 있는데, 왜 가야는 전쟁에서 지기만 하는 걸까요?"

담이는 신라와 전투를 벌이고 있는 상황이 생각나 다시 불안했어요.

"가야가 늘 약했던 건 아니야. 가야도 세력을 떨치며 발전하던 시절이 있었지."

"정말이요?"

"그럼, 정말이고 말고. 담이도 가야가 여러 작은 나라가 모인 **연맹 국가**라는 건 알고 있지?"

"네, 오래 전에 신라에게 무너진 금관가야도 그중 하나잖아요."

"그래, 금관가야는 일찍부터 낙동강 하구를 통해 중국과 왜 등에 철을 수출하면서 크게 성장했고, 가야 연맹 초기에는 연맹에 속한 작은 나라들에게 세력을 떨칠 정도로 힘이 셌지."

연맹 국가

聯	잇닿을	연
盟	맹세할	맹
國	나라	국
家	집	가

가야는 낙동강 하류의 여러 작은 나라들이 우두머리 국가를 중심으로 연맹체를 이룬 연맹 국가이다. 3세기에는 금관가야가, 5세기에는 대가야가 각각 가야 연맹을 이끌었다.

거푸집: 만들려는 물건의 모양대로 속이 비어 있어 거기에 쇠붙이를 녹여 붓도록 되어 있는 틀이다.

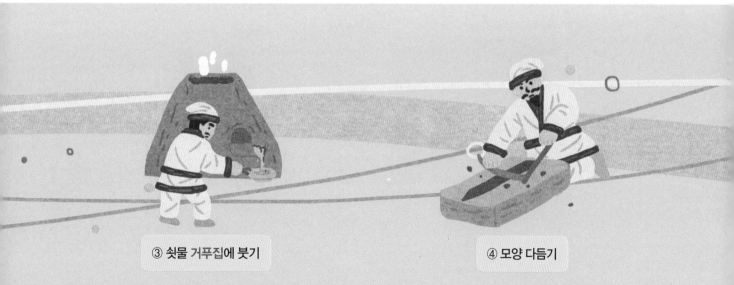

③ 쇳물 거푸집에 붓기

④ 모양 다듬기

제철로에 숯을 넣어 불을 지핀 뒤 철광석을 녹여서 쇳물을 만들어. 제철로에서 흘러나온 쇳물이 굳어서 쇳덩이가 되는 거야.

이런 과정을 거쳐 얻은 쇳덩이를 대장간으로 가져와 덩이쇠를 만들기도 하고, 쇳덩이나 덩이쇠를 녹여 각종 농기구나 무기를 만든단다.

항복: 적이나 상대편의 힘에 눌리어 굴복하는 것을 말한다.

교류: 문화, 사상 등을 서로 주고받는 것을 말한다.

교역: 주로 나라와 나라 사이에 물건을 사고팔고 하여 서로 바꾸는 것이다.

★ 참고 자료

가야는 위치상 백제와 신라 가운데 있었고, 두 나라는 가야 땅을 차지하기 위해 치열한 경쟁을 벌였다. 반면 가야 연맹은 각 소국이 독자적인 세력을 유지하여 중앙 집권 형태의 국가로 발전하지 못해 두 나라에 대항하기 힘들었다.

● 가야 연맹의 지도

"아버지, 그렇게 강했던 금관가야가 왜 신라에게 힘없이 **항복**한 거죠?"

담이의 물음에 이번에는 아버지가 한숨을 푹 내쉬었어요.

"그건 말이다. **가야 연맹**이 힘을 하나로 모으지 못해서란다. 우리처럼 작고 힘없는 나라들이 한마음 한뜻으로 큰 나라를 만들었다면 금관가야가 그렇게 쉽게 무너지지는 않았겠지. 큰 나라는 다른 나라와 **교류**를 하거나 전쟁을 하는 데 더 유리하니까."

"힘을 하나로 모으지 못했다고요? 도대체 무슨 일이 있었던 거죠?"

"금관가야가 바다를 통해 다른 나라에 철을 수출하며 힘을 키우고 있을 때, 고구려가 중국의 부족들을 공격해 무너뜨리자 가야는 **교역**하던 나라를 잃었어. 그런데 엎친 데 덮친 격으로 가야 연맹에 속한 여러 나라들이 금관가야에 불만을 품고는 공격을 했지."

"아니, 어떻게 연맹국끼리 공격을 할 수 있어요?"

담이는 금관가야가 그렇게 쉽게 무너졌다는 게 이해가 되지 않았어요.

"그것 말고도 또 다른 이유가 있단다."

"또 다른 이유요?"

"금관가야가 어려움을 겪고 있을 때 백제가 왜와 힘을 합쳐 신라를 공격하자고 제안해 왔어. 금관가야는 큰 나라인 백제의 요구를 무시할 수 없었고, 백제의 요청대로 왜와 함께 신라를 공격했지. 그런데 그때 고구려의 광개토 대왕이 직접 군사를 이끌고 신라를 구하기 위해 온 거야."

"그 무시무시한 광개토 대왕이요?"

"그래. 금관가야는 고구려의 공격을 받으며 힘이 많이 약해져 있었고, 그런 상태에서 신라의 공격까지 받으니 더는 버틸 수 없었던 거야. 그렇게 금관가야가 무너지게 된 거지."

담이는 가야 연맹이 힘을 합치지 못하고 서로 싸우는 모습이 안타까웠어요. 그런 담이를 물끄러미 바라보던 아버지가 다정한 목소리로 이야기했어요.

"담이야, 네가 꼭 알아야 할 게 있다. 사실 너는 대가야가 아닌 금관가야 사람이야. 금관가야의 철기 기술자였던 네 할아버지는 나라의 운명이 다했다는 것을 **직감하고는** 가족들을 데리고 대가야로 오셨지. 대가야가 금관가야의 뒤를 이어 가야 연맹을 이끌고 있다만, 지금은 대가야의 처지가 예전에 쇠퇴해 가던 금관가야와 비슷하구나."

'내가 금관가야 사람이라니!'

담이는 아버지의 말에 놀라 아무 말도 할 수 없었어요. 아버지께서도 대장간에서 무기 점검을 끝내고 담이와 함께 집으로 올 때까지 아무 말도 없으셨어요. 아버지를 따라 집으로 가는 내내 담이의 마음은 무거웠어요. 왜냐하면 지금은 금관가야가 사라지고 없다는 사실에 마음이 아팠기 때문이에요.

금관가야가 왜 무너지게 되었는지 64쪽에서 배운 거 기억나지? 기억이 안 난다면 다시 읽어 보고 오자!

직감하다: 어떤 것을 보자마자 곧바로 느껴서 알다.

담이야, 사실 너는 대가야가 아니라 금관가야 사람이란다.

내가 금관가야 사람이라니……

껴묻거리: 장사 지낼 때 시체와 함께 묻는 물건을 통틀어 이르는 말로 부장품이라고도 한다.

★ 참고 자료

가야 토기는 연맹 국가마다 여러 모양이 존재하며, 조형미가 뛰어나다. 토기들은 제사를 지낼 때 사용하거나 죽은 사람과 함께 무덤 속에 넣어 두었다.

◉ 집 모양 토기

◉ 수레바퀴 모양 토기

다음 날, 아버지는 대장간 아저씨들과 함께 무기를 실은 수레를 끌고 아침 일찍 전쟁터로 떠났어요.

얼마 뒤, 아버지와 함께 떠난 아저씨들이 돌아왔지만 아버지의 모습은 보이지 않았어요.

"담이야, 우리가 도꼭지 어르신을 지키지 못했다. 전쟁터에 무기를 전해 주고 돌아오는 길에 그만……."

며칠 뒤 담이는 아버지의 장례를 치렀어요. 담이는 무덤에 아버지가 만든 칼과 창, 아버지가 평소에 아끼던 도구들, 집 모양 토기와 그릇 등 **껴묻거리**를 함께 넣었어요.

'아버지가 만든 튼튼한 철제 무기가 가야와 아버지를 지켜 줄 거예요. 아버지, 하늘나라에서 편히 쉬세요.'

그때 마을 사람이 급히 와서 대가야가 신라에게 항복했다는 소식을 전했어요. 이제 곧 역사에서 사라질 가야의 슬픈 운명을 생각하는 담이의 눈에서 눈물이 주르륵 흘러내렸어요.

가야금이 가야의 악기라고?

오늘날 우리들이 알고 있는 가야금의 원래 이름은 '가얏고'야. 가얏고는 '가야의 고'로, 줄을 튕겨서 소리를 내는 현악기를 순우리말로 '고'라고 해. 『삼국사기』에 가야국 가실왕이 당나라의 악기를 보고 만들었다는 기록이 있는데, 가실왕은 우륵에게 12곡을 만들게 했다고 전해져. 그 뒤 가야국이 위태로워지자 우륵은 가야금을 가지고 신라 진흥왕에게 가서 투항을 했어. 그 후 가야금은 신라를 거쳐 일본으로 건너가게 되었고, 오늘날 '가야금'이 전해 내려올 수 있게 된 거야.

○ 산조 가야금

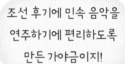

국가 의식에서 음악을 연주하는 용도로 사용한 전통 가야금이야!

○ 풍류 가야금

조선 후기에 민속 음악을 연주하기에 편리하도록 만든 가야금이지!

1 다음 낱자 카드를 순서대로 배열하여 알맞게 낱말을 완성해 보세요.

예시 공동의 목적을 가진 단체나 국가가 서로 돕고 행동을 함께 할 것을 약속하는 것이다.

맹 연 ➡ 연 맹

1 어떤 분야에서 가장 으뜸이 되는 사람을 뜻하는 말이다.

꼭 도 지 ➡ ☐ ☐ ☐

2 가운데가 잘록한 모양의 쇠판으로, 가야에서 철기를 만드는 재료 또는 화폐로 사용했다.

쇠 덩 이 ➡ ☐ ☐ ☐

3 전쟁에서 몸의 윗부분을 보호하기 위해서 만든 갑옷으로 앞면에 긴 철판을 박아 만들었다.

옷 판 갑 ➡ ☐ ☐ ☐

2 다음은 철기를 만드는 순서예요. 빈칸에 순서대로 번호를 써 보세요.

☐ 모양 다듬기

☐ 쇳물 거푸집에 붓기

☐ 철 뽑아내기

☐ 철광석 채취하기

3 앞에서 읽은 담이의 이야기를 떠올리며 (   ) 안의 알맞은 말에 ○표 해 보세요.

❶ 가야는 (낙동강 , 대동강) 지역에 있던 여러 작은 나라들이 모여 이루어진 연맹 국가이다.

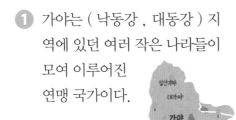

❷ (대가야 , 금관가야)는 일찍부터 낙동강 하구를 통해 중국과 왜에 철을 수출하면서 세력을 키워 나가며 초기에 가야 연맹을 이끌었다.

❸ 금관가야는 백제의 요청으로 왜와 함께 신라를 공격했다. 그런데 신라를 도우러 온 (광개토 대왕 , 장수왕)의 공격으로 힘이 약해졌다.

❹ 금관가야가 멸망하고 난 뒤, (대가야 , 고령가야)가 가야 연맹을 이끌었다.

❺ 금관가야와 대가야는 모두 (고구려 , 백제 , 신라)에 의해 멸망했다.

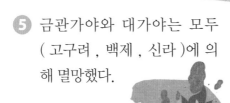

❻ 가야가 고대 국가로 성장하지 못하고 역사 속으로 사라진 까닭은 (연맹에 속한 나라들이 힘을 모으지 못했기 , 자연재해가 빈번하게 발생했기) 때문이다.

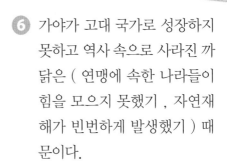

1 가야 병사 두 명이 각각 판갑옷과 비늘 갑옷을 입고 있어요. 앞에서 읽은 이야기를 떠올리며 두 갑옷을 만드는 방법과 특징을 완성해 볼까요?

tip 가야 병사들이 입은 두 갑옷의 제작 방법과 특징을 떠올려 볼까?

내가 입고 있는 갑옷은 판갑옷이야.

나는 비늘 갑옷을 입고 있지!

구분	❶ 판갑옷	❷ 비늘 갑옷
만드는 방법	넓은 [ ]을/를 세로로 이어 붙여서 사람의 몸통에 맞게 만든 갑옷이다.	작은 [ ]을/를 가죽끈으로 엮어 만든 갑옷이다.
특징		

2 다음 지도의 가야 연맹 중에서 금관가야가 가장 먼저 발전하게 된 까닭과 쇠퇴하게 된 까닭을 정리해 보세요.

tip 금관가야의 위치한 곳의 장점과 단점이 무엇인지 떠올려 보자.

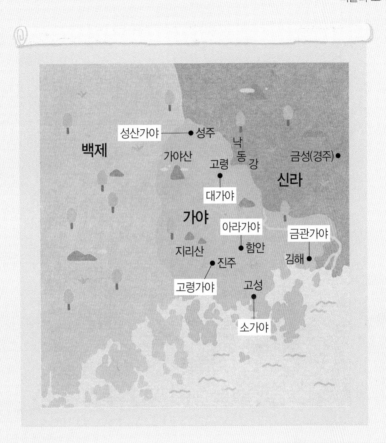

① 금관가야가 가장 먼저 발전하게 된 까닭

② 금관가야가 쇠퇴하게 된 까닭

3 우리가 보통 '삼국 시대'라고 하면 고구려, 백제, 신라가 있던 시기를 말해요. 하지만 이때 가야도 함께 존재하고 있었어요. 여러분이 역사학자가 되어 이 시기를 기록한다면 '삼국 시대'와 '사국 시대' 중 어떻게 부르는 것이 맞다고 생각하나요? 그 까닭은 무엇인가요?

tip 가야를 하나의 독립된 국가로 인정할 수 있다면 그 까닭은 무엇이고, 국가로 인정할 수 없다면 그 까닭은 무엇인지 생각해 봐!

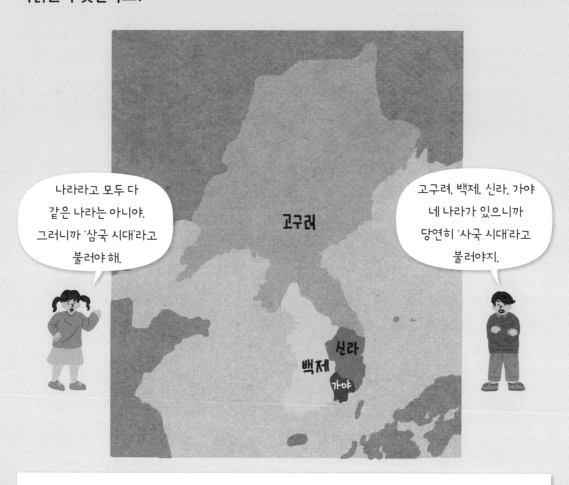

① 나는 (삼국 시대 , 사국 시대)라고 부르는 것이 맞다고 생각한다.

② 그 까닭은 무엇인가요?

-----

4 다음 신문을 읽고 가야의 문화유산 중에서 가장 뛰어나다고 생각하는 문화유산을 고르고 그 까닭을 써 보세요.

tip 가야의 뛰어난 문화유산에는 무엇이 있었는지 다시 기억해 볼까?

가야 신문

20○○년 ○월 ○일

| 오늘의 포커스 | 가야의 문화유산, 어떤 것이 있을까?

가야는 '철의 나라'라고 불릴 만큼 질 좋은 철이 많이 났다. 그래서 철로 만든 튼튼한 무기와 농기구가 전해지고 있다. 그 외에도 가야의 문화 유산에는 독특한 모양의 토기, 가야금 등이 남아 있다.

토기

가야 연맹에 속한 나라들은 각각 특색 있는 토기를 만들었다. 이 토기들은 제사를 지낼 때 사용하거나 죽은 사람과 함께 무덤 속에 넣었다.

철제 무기

가야 사람들은 얇고 정교한 철제 무기를 만들 정도로 철을 다루는 기술이 뛰어났다.

가야금

가야의 전통 악기로 소리가 부드럽고 아름다워 한국인에게 가장 많이 사랑 받는 악기 중 하나이다.

① 가장 뛰어나다고 생각하는 가야의 문화유산은 무엇인가요?

(철제 무기 , 토기 , 가야금)

② 그 까닭은 무엇인가요?

---

6 김유신, 삼국 통일의 주역

 이때는 말이야~

5-2 1. 옛사람들의 삶과 문화
① 나라의 등장과 발전

나당 동맹 체결
648

고구려의 보장왕은
나당 연합군에게
결국 항복했어.

고구려 멸망
668

신라는 고구려와 동맹이
결렬되자 당나라와 손을 잡았어.

660
백제 멸망

김유신 장군의 신라군은
사비성에서 당나라 군대와 연합하여
백제를 멸망시켰어!

신라 땅도
차지해야지!

어림 없는
소리!

675~676
매소성, 기벌포 전투

당나라가 신라를
차지하려고 하자 신라는 매소성과
기벌포에서 당나라와 전투를 벌여
큰 승리를 거두었지.

신라, 삼국 통일

676

신라는 당나라를
무찌르고 드디어
삼국을 통일했어.

나, 대조영은
고구려 출신이지.
발해를 건국했어.

698
발해 건국

🔑 키워드

김유신

金 성 **김**
庾 곳집 **유**
信 믿을 **신**

멸망한 가야 왕족 출신으로 태종 무열왕, 문무왕과 함께 삼국 통일의 기반을 마련하였다.

김춘추: 신라 제29대 왕으로 태종 무열왕의 본명이다.

속내: 겉으로 드러나지 아니한 속마음이나 일의 내막을 말한다.

당나라: 618년 이연(고조)이 세운 뒤 290년간 이어진 중국의 나라이다.

선덕 여왕: 신라 제27대 왕으로 우리나라 최초의 여왕이다.

★참고 자료

신라, 고구려와의 동맹 실패: 신라는 백제의 침입으로 위기에 처하자 고구려에 동맹을 제안하며 도움을 요청하였다. 하지만 고구려는 죽령 이북의 땅을 돌려줄 것을 요구하였고, 결국 신라와 고구려의 동맹은 성사되지 못하였다.

645년 봄, 백제와 크고 작은 전투를 치르느라 몇 년 동안 신라를 떠나 있었던 **김유신**이 드디어 전쟁터에서 돌아왔어요. 김유신은 신라로 돌아오자마자 오랜 벗인 **김춘추**를 찾았어요.

"어서 오시오, 김유신 장군! 오랫동안 전쟁터에서 정말 고생이 많았습니다."

김춘추가 김유신의 손을 꼭 잡으며 진심을 전했어요. 하지만 김유신은 김춘추의 미소 뒤에 근심이 깔려 있다는 것을 금방 알아챘어요.

"신라를 위해 당연히 할 일을 했을 뿐입니다. 그런데 무슨 걱정이라도 있으신 겁니까?"

김유신의 물음에 김춘추가 **속내**를 털어놓았어요.

"장군께서 수시로 신라를 침략해 오는 백제를 막아 내고는 있지만, 언제까지 백제의 공격을 피할 수 있을지 모르는 일 아닙니까? 게다가 고구려와의 동맹 협상이 실패한 것도 마음이 쓰이고요. 신라가 지금의 위기를 넘기려면 **당나라**와 손을 잡아야 할 것 같습니다."

"제 생각도 춘추공과 같습니다. 당나라와 손을 잡아 백제와 고구려를 물리치고 삼국 통일을 이루는 것만이 신라가 살 길이라고 생각합니다."

"역시, 장군이라면 나와 뜻이 같을 거라 생각했습니다."

"그런데 당나라를 어떻게 설득할 것인지가 문제로군요. 앞서 **선덕 여왕**께서도 당나라에 도움을 요청했었지만 거절당하지 않았습니까?"

김유신은 당나라가 선덕 여왕의 **원군** 요청을 거절한 것을 떠올리며 걱정스럽다는 듯 말했어요.

"때가 되면 제가 다시 부딪혀 볼 생각입니다. 그러니 장군은 그때 가 되면 군사를 맡아 주십시오."

몇 년 뒤 김춘추는 당나라에 갔어요. 당나라의 왕 태종은 김춘추가 자신을 찾아온 까닭을 알면서도 모르는 척 물었어요.

"신라의 귀한 분께서 무슨 일로 나를 찾아오셨소?"

"부탁드릴 것이 있어 이렇게 찾아뵈었습니다. 요사이 백제가 저희 신라를 차지할 생각으로 침략을 일삼고, 당나라와 오가는 뱃길까 지 끊어 교류도 하지 못하게 막고 있습니다. 이에 당나라의 도움을 받아 백제를 물리치고자 합니다."

원군: 전쟁에서 자기 편을 도와주는 군대이다.

성사: 일을 이룸. 또는 일이 이루어지는 것이다.

진덕 여왕: 신라의 제28대 왕으로 선덕 여왕에 이어 두 번째 여왕이 되었다.

군량미: 군대의 양식으로 쓰는 쌀이다.

비축: 만약의 경우를 대비하여 미리 갖추어 모아 두거나 저축하는 것을 말한다.

★ 참고 자료

안시성 전투: 645년 고구려와 당나라 군대가 안시성에서 벌인 전투이다. 당나라 태종의 군대를 안시성 성주 양만춘이 물리쳤다.

김춘추는 당나라 태종이 도와주길 바라는 마음으로 공손하게 말했어요. 당 태종은 김춘추의 말에 기분이 우쭐해졌어요.

"좋소, 우리 당나라 군사를 보내 신라를 돕겠소."

김춘추는 그렇게 신라와 당나라가 동맹을 맺는 이른바 **나당 동맹**을 **성사**시켰어요.

사실 당나라가 신라와 동맹을 맺은 속셈은 따로 있었어요. 몇 년 전 당나라가 고구려의 안시성을 침략했을 때 고구려에 크게 패했어요(**안시성 전투**). 그 이후 당나라는 혼자 힘으로는 고구려를 무너뜨릴 수 없다고 생각하게 되었지요. 그래서 우선 신라와 손을 잡아 백제와 고구려를 무너뜨리고, 마지막에 신라까지 무너뜨린 뒤에 삼국의 땅을 모두 차지하려는 계획이었어요.

김춘추가 당나라와 동맹을 맺고 몇 년이 흘렀어요. 그 사이 신라의 **진덕 여왕**이 왕위를 이을 후손 없이 죽자, 김춘추가 뒤를 이어 왕위에 올라 **무열왕**이 되었어요. 무열왕은 드디어 신라가 삼국을 통일할 기회가 왔다고 생각하고는 김유신 장군을 불렀어요.

"장군, 드디어 때가 온 것 같소. 지난 번에 당나라로부터 군사 지원도 약속받았으니, 이제 백제 정벌을 진행합시다."

"대장군 김유신, 뜻을 받들겠습니다!"

김유신이 무열왕의 명령을 받들었어요. 그 후 김유신은 군사들을 훈련시키고, **군량미**를 **비축**하고, 사람을 보내 백제의 상황을 살피는 등 빈틈없이 전쟁 준비를 해 나갔어요.

659년에 무열왕은 당나라에 사신을 보냈어요. 그리고 백제를 무너뜨릴 때가 되었으니 군사를 보내 달라고 요청했어요.

階 섬돌 **계**

伯 맏 **백**

백제 말기의 장군으로 나당 연합군이 백제로 쳐들어오자, 5천 결사대를 이끌고 황산벌에서 신라 장수 김유신과 몇 차례 싸운 끝에 전사하였다.

대군: 병사의 수가 많은 군대이다.

국경: 국가 영역의 경계이다.

⭐ **참고 자료**

의자왕: 백제의 제31대 왕으로 642년에 신라를 공격하여 많은 지역을 점령하고, 고구려와 가까이 지내는 등 기울어져 가는 백제를 위해 힘썼다. 하지만 660년에 나당 연합군과의 전쟁에서 패배하여 당나라에 압송되었다가 병사하였다.

신라의 요청을 받은 당나라는 그 다음 해 봄에 13만 **대군**을 백제로 보냈어요. 당나라가 군사를 보냈다는 소식을 듣고 무열왕이 김유신을 불렀어요.

"당나라의 13만 대군이 백제를 정벌하러 출발했소. 대장군 김유신도 우리 신라군을 이끌고 가서 백제를 정벌하시오."

당나라의 13만 대군과 김유신이 이끄는 5만의 신라군이 백제의 **국경**을 넘어오고 있다는 소식이 백제에 전해졌어요. 백제의 **의자왕**은 그제서야 상황이 심각하다는 것을 깨닫고 급히 **계백** 장군을 불러 명령했어요.

"신라가 당나라와 손을 잡고 우리 백제를 치려 한다. 어서 가서 신라를 막아라!"

백제의 계백 장군은 5천 명의 군사를 이끌고 신라군이 쳐들어 오고 있는 황산벌로 향했어요. 그때 부하가 계백에게 급히 신라군의 소식을 알려왔어요.

"지금 김유신이 이끄는 5만의 신라군이 **황산벌**에 도착했다고 합니다. 우리 백제군은 고작 5천 명 밖에 되지 않는데 신라군과 싸워 이길 수 있을지……."

부하의 말에 계백 장군은 가던 길을 멈추고 백제의 군사들을 향해 목청 높여 외쳤어요.

"지금 황산벌에는 신라의 명장 김유신과 5만 명의 신라군이 와 있고, 우리 백제군은 신라군의 십 분의 일 밖에 되지 않는다. 하지만 지난 날 중국 월나라 **구천**은 5천 명으로 오나라 군사 70만을 물리쳤다. 오늘 힘써 싸워 나라의 은혜에 보답하자!"

계백 장군의 말에 백제 군사들 사이에서 함성이 터져 나왔어요.

"계백 장군 만세! 백제 만세!"

백제 VS 신라

계백

김유신

곧이어 황산벌에서 신라와 백제의 전투가 벌어졌어요. 백제군은 죽기를 각오하고 신라군과 전투를 벌였어요. 백제군의 엄청난 기세에 신라는 몇 번의 전투에서 모두 지고 말았어요. 하지만 김유신이 이끄는 신라군도 물러서지 않았어요. 절대 질 수 없는 싸움이었기 때문이지요. 그렇게 신라와 백제의 치열한 싸움이 계속 이어졌어요. 그러면서 백제군이 신라군에 점점 밀리기 시작했어요. 길고 긴 싸움은 결국 신라의 승리로 끝났어요(**황산벌 전투**).

"장군, 백제의 계백 장군이 전사했다고 합니다."

"비록 적이었지만 훌륭한 장군이었다."

김유신은 황산벌에서의 전투를 뒤로 하고 백제의 수도 사비성으로 나아갔어요. 김유신과 신라군은 당나라군과 연합하여 사비성을 공격했어요. 결국 사비성이 **함락**되고 의자왕이 항복하면서 백제는 멸망하게 되었어요(**백제 멸망**).

그로부터 1년 뒤, 김유신과 함께 삼국 통일의 꿈을 꾸었던 무열왕이 그만 세상을 떠나고 말았어요. 김유신은 슬픔에 목이 메었어요. 가까운 친구이자 왕을 잃은 슬픔은 세상을 잃은 것과 같았어요. 그리고 그 슬픔의 무게만큼 무열왕과 약속한 삼국 통일의 꿈을 기필코 이루겠다고 다짐했어요.

무열왕에 이어 왕이 된 **문무왕** 때 신라는 삼국 통일의 **위업**을 이룰 기회가 찾아왔어요. 고구려는 **연개소문**이 죽은 뒤, 형제 간에 권력 다툼이 일어났고, 신라는 그 기회를 틈타 고구려를 무너뜨릴 계획을 세웠어요. 이때 70세가 넘은 김유신은 총사령관이 되어 후방에서 군사들을 지휘했어요. 김유신은 고구려를 치러 전쟁터로 향하는 부하 장군들에게 당부의 말을 했어요.

★ 참고자료

황산벌 전투: 660년에 황산벌에서 벌인 백제군과 신라군의 전투이다. 계백 장군이 전사하면서 백제가 신라에 패했으며, 이후 백제는 도읍 사비성을 잃고 결국 멸망하였다.

함락: 적의 성, 요새, 진지 따위를 공격하여 무너뜨리는 것을 말한다.

문무왕: 신라 제30대 왕으로 삼국 통일을 이루었다.

위업: 위대한 사업이나 업적이다.

연개소문: 고구려 말기의 장군으로, 천리장성을 쌓은 총책임자이다.

● 김유신 장군 동상

"후방은 내가 돌볼 것이니, 장군들은 고구려와 싸워 꼭 이기시오."

"예, 반드시 이기고 돌아오겠습니다!"

신라와 당나라의 연합군은 고구려를 상대로 일 년 동안 길고 긴 싸움을 했어요. 결국 668년에 고구려는 수도 평양성이 함락되면서 멸망했어요(**고구려 멸망**). 김유신도 고구려가 무너졌다는 소식을 전해 들었어요.

드디어 신라의 삼국 통일이 눈앞으로 다가왔어요. 김유신은 함께 삼국 통일을 꿈꾸었던 무열왕을 떠올리며 뜨거운 눈물을 흘렸어요.

★ 참고 자료

신라의 통일 과정: 백제와 고구려가 멸망하자 당나라는 신라와의 동맹을 깨고 한반도 전체를 지배하려는 속마음을 드러내며 백제와 고구려 땅을 직접 통치하려고 하였다. 670년, 신라는 당나라를 몰아내기 위해 고구려, 백제 유민들과 힘을 합쳐 당나라와 맞서 싸웠다. 675년에는 매소성에서 적은 수의 군사로 당나라의 20만 대군을 물리쳤으며(매소성 전투), 676년에는 금강 하구의 기벌포에서 당나라의 수군을 격파하면서 큰 승리를 거두었다(기벌포 전투). 결국 당나라가 한반도에서 물러나면서 신라는 삼국 통일을 이루었다.

→ 신라군의 진격로
→ 당나라군의 진격로
☒ 나당 격전지

백두산 ▲

당

원산만

평양성
고구려 멸망(668)

대동강 – 원산만을 경계로 삼국 통일 이룩(676)

회양

수곡성

☒ 마전

신라 군대가 당나라 군대 격파(675)

적성 ☒
☒ 매소성

한주

신라

백제 멸망(660)

사비성

상주

주류성

☒
기벌포

금성(경주)

신라 해군이 당나라의 해군 격파(676)

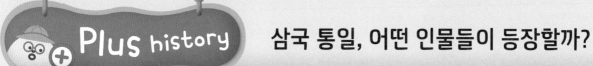

Plus history

삼국 통일, 어떤 인물들이 등장할까?

김유신 장군은 신라가 삼국을 통일하는 데 결정적인 역할을 한 인물이야. 이 외에도 신라가 삼국을 통일하는 과정에 여러 인물이 등장해. 어떤 인물들이 있는지 알아볼까?

신라

선덕 여왕

"나는 신라 제27대 왕으로 삼국 시대 최초의 여왕이야. 여자가 왕이 되었다는 이유로 즉위하자마자 귀족들의 반발이 거셌어. 그래서 황룡사에 9층 목탑을 건설하며 왕권을 강화했지. 그리고 백제를 견제하기 위해 김춘추를 고구려에 보냈어."

"나는 신라의 진골 김춘추. 잘생긴 외모와 뛰어난 말솜씨로 사람들을 사로잡았지. 진덕 여왕이 자식도 없이 세상을 뜨자 귀족들은 나를 왕으로 추대했어. 왕위에 오른 뒤 고구려, 백제와 전쟁을 하며 삼국 통일의 기틀을 마련했어."

태종 무열왕

부자　관계

"나는 김유신이야. 열다섯 살에 청소년 단체인 화랑도의 우두머리가 되었고, 삼국 통일의 뜻을 품었지. 나의 여동생이 김춘추와 혼인을 하면서 사이가 더욱 돈독해졌어. 신라의 왕이 된 김춘추(무열왕)를 도와 삼국을 통일하는 데 큰 공을 세웠어."

김유신

"신라 제30대 왕 문무왕이야. 아버지 무열왕의 뒤를 이어 왕위에 올랐지. 당나라가 약속을 어기고 삼국을 모두 다스리려고 하자 당나라와 전쟁을 벌였어. 결국 당나라를 한반도에서 몰아내고 삼국을 통일했지."

문무왕

대립관계

대립관계

고구려

"나는 고구려의 막강한 힘을 가진 권력자 연개소문이야. 고구려 왕도 내 앞에서는 함부로 입을 놀리지 못했지. 천리장성을 축조하고, 당나라와 싸워 물리칠 정도로 엄청난 힘을 가졌어. 신라의 선덕 여왕이 동맹을 제안했지만 결렬되었지."

연개소문

백제

"내 이름은 계백이야. 사람들은 나를 '황산벌의 영웅'이라고 부르지. 사실 전투에서는 크게 패했어. 그럼에도 나를 황산벌의 영웅이라고 부르는 이유는 5천의 병사를 데리고 5만의 신라군을 상대로 맞서 싸워 몇 번이나 이겼기 때문이지."

계백

1 낱말 뜻을 살펴보고, 예문 속 빈칸에 알맞은 낱말을 찾아 써 보세요.

낱말 뜻

- **동맹**: 둘 이상의 개인이나 단체, 또는 국가가 서로의 이익이나 목적을 위하여 동일하게 행동하기로 맹세하여 맺는 약속.
- **원군**: 전투에서 자기편을 도와주는 군대.
- **비축**: 미리 장만하여 모음.
- **속내**: 겉으로 드러나지 아니한 속마음이나 일의 내막.
- **국경**: 국가 영역의 경계.
- **위업**: 위대한 사업이나 업적.

예문

❶ 신라는 백제의 공격으로 곤경에 처했을 때 당나라에 [   ] 을/를 요청했지만 거절당했어.

❷ 김유신은 군사들을 훈련시키고, 군량미를 [   ] 하는 등 전쟁 준비를 했어.

❸ 신라는 당나라와 [   ] 을/를 맺고 백제와 고구려를 차례로 무너뜨렸어.

2 이야기의 내용을 떠올리며 (   ) 안의 알맞은 것에 ○표 해 보세요.

❶ (연개소문 , 김유신)은 백제를 멸망시키는 데 앞장섰으며, 삼국 통일을 이루는 데 큰 공을 세운 신라의 장군이다.

❷ 계백은 (황산벌 , 안시성)에서 신라의 공격을 막아 내기 위해 목숨을 다해 싸운 백제의 장군이다.

❸ 신라는 삼국 통일을 이루기 위해 (왜 , 당나라)와 동맹을 맺었다.

❹ 신라의 (김춘추 , 김유신)은/는 진덕 여왕이 죽은 뒤 왕위에 올랐다.

2 신라가 삼국 통일을 이룬 과정을 떠올리며 빈칸을 채워 보세요.

나당 동맹 체결

① 신라의 김춘추는 ―――――――――

――――――――――――――――――

당나라와 동맹을 맺었다.

백제 VS 신라, 황산벌 전투의 승자는?

② ――――――――――――――――――

――――――――――――――――――

――――――――――――――――――

고구려, 권력 다툼으로 결국 멸망

③ [　　　　　] 이/가 죽은 뒤,
고구려가 내분을 겪자 이를 틈
타 신라와 당나라 연합군이 고
구려를 멸망시켰다.

신라, 당나라를 무찌르다

④ ――――――――――――――――――

―――――― 신라는 매소성과 기벌포

에서 당나라 군대를 무찔렀다.

1 백제의 계백 장군과 신라의 김유신 장군이 황산벌에서 치열한 전투를 앞두고 있어요. 그 당시 백제와 신라의 상황을 생각해 보고, 계백과 김유신은 어떤 각오를 했을지 써 보세요.

tip 황산벌 전투에서 백제와 신라는 지금이 아니면 기회는 다시 오지 않는다는 마음으로 싸움에 임했을 거야.

계백　　　　　　　　　김유신

1 백제의 5천 군사여,

계백

신라의 5만 군사여,

2

김유신

2 내가 만약 신라의 왕이었다면 신라의 위기를 벗어나기 위해 어떤 선택을 했을지 생각해 보고, 그 까닭을 써 보세요.

tip 고구려, 당나라와 동맹을 맺을지, 말지 생각하고 동맹을 맺는다면 어느 나라가 신라에게 도움이 될지 생각해 보자.

우리 신라와 동맹을 맺으시겠습니까?

죽령 이북의 땅은 원래 우리 고구려의 땅이었어. 죽령 이북의 땅을 주면 동맹을 맺도록 하지!

안시성 전투에서 패배하여 체면이 말이 아니었는데 잘됐군. 신라와 동맹을 맺어 대동강 이북의 땅도 챙기고, 백제와 고구려를 무너뜨린 뒤 신라까지 지배하겠어.

신라 김춘추   고구려 연개소문   당나라 태종

❶ 나라면 (　고구려와 동맹을 맺었을 거야　／　당나라와 동맹을 맺었을 거야　／　두 나라 모두 동맹을 맺지 않았을 거야　).

❷ 그렇게 생각하는 까닭

----

3 신라의 삼국 통일이 눈앞에 다가왔을 때 김유신은 어떤 기분이 었을까요? 아래 키워드를 참고하여 김유신의 입장이 되어 일기를 써 보세요.

tip 김유신은 무열왕과 문무왕을 도와 삼국 통일에 앞장섰던 인물이야.

키워드   가야   멸망   왕족   기회   자랑스럽다   뿌듯하다   기쁘다
삼국 통일   무열왕   문무왕   선덕 여왕   당나라

4 신라는 한반도를 모두 차지하려는 당나라를 몰아내고 삼국 통일을 이루었어요. 신라가 삼국을 통일한 것에 점수를 매긴다면 몇 점을 줄 것인지 쓰고, 그 까닭을 써 볼까요?

tip 신라의 삼국 통일로 한반도의 민족이 하나로 이어졌지만, 고구려의 넓은 영토를 잃기도 했지.

① 신라의 삼국 통일에 몇 점을 줄 것인가요? (   )점

② 그 까닭은 무엇인가요?

----

7 불국사와 석굴암

법흥왕 때
이차돈의 순교로
불교가 공인되었어!

원효와 의상이 신라에
불교를 널리 퍼뜨리는데
중요한 역할을 했어.

신라, 불교 공인

527

○ 황룡사 9층 목탑 복원도

**원효와 의상,
불교의 대중화**

7세기

선덕 여왕 때
주변 나라의 침입을
부처의 힘으로 막으려고
이 탑을 만들었어.

645

**황룡사 9층 목탑
건립**

○ 이차돈 순교비

○ 원효   ○ 의상

불국사, 석굴암 창건

751

◎ 『왕오천축국전』

◎ 성덕 대왕 신종

727
혜초,
『왕오천축국전』 편찬

771
성덕 대왕 신종
주조

『왕오천축국전』은 혜초가
인도와 서역을 여행하면서
쓴 기행문이야.

◎ 불국사

◎ 석굴암 본존불

'에밀레종'이라고도 불러.
신라 경덕왕이 아버지 성덕왕을
기리기 위해 만든 종이야.

O━ 키워드

불국사

佛	부처 **불**
國	나라 **국**
寺	절 **사**

'부처의 나라'라는 뜻을 가진 절로, 처음에는 작은 규모로 지었다가 경덕왕 때 재상 김대성이 대대적으로 확장하였다.

경덕왕: 통일 신라 제35대 왕으로, 왕으로 있는 742~765년 동안 신라의 불교 예술이 전성기를 이루었다.

재상: 임금을 돕고 모든 관원을 지휘하고 감독하는 일을 맡아보던 벼슬이다.

품팔이: 품삯을 받고 남의 일을 해 주는 일. 또는 그런 사람을 말한다.

보시: 자비로운 마음으로 남에게 재물이나 불법을 베푸는 것이다.

시주: 절이나 중을 도우려고 돈, 곡식 등을 베푸는 것이다.

장대하다: 크고 튼튼하다.

불교는 삼국 시대에 우리나라에 전해진 이후 오랫동안 중요한 종교로 자리 잡았어. 삼국 시대에는 부처를 섬기는 마음으로 왕을 섬기게 하려고 백성들에게 불교를 믿게 했는데, 실제로 불교는 왕을 중심으로 백성을 하나로 모으는 데 큰 도움이 되었지. 오늘은 통일 신라 시대의 불교 문화를 대표하는 경주 **불국사**와 석굴암에 대해서 이야기하려고 해.

경주 불국사와 석굴암은 통일 신라 시대 **경덕왕** 때 **재상** 김대성이 만들었어. 『삼국유사』에 김대성은 어려서부터 너무 가난한 탓에 부잣집에서 **품팔이**를 하며 지냈다고 해. 어느 날 승려가 부잣집에 찾아와 '하나를 **보시**하면 만배의 이익을 얻는다'고 말하자, 김대성은 평생 일해 얻은 밭을 **시주**하였지. 그러고 나서 얼마 지나지 않아 김대성이 죽었는데, 그날 밤 부처님의 은덕으로 재상 김문량의 아들로 다시 태어났어. 김대성은 홀로 남은 전생의 어머니를 자기 집으로 모시고 왔고, 현생의 부모를 위해 불국사를, 전생의 부모를 위해 석불사(현재 석굴암)를 지었어.

이 시대 사람들이 불교를 얼마나 숭배했는지 이 일화를 통해 알 수 있겠지? 비록 김대성이 살아생전에 완성하지는 못했지만, 뒤이어 신라 사람들이 불국사와 석불사를 완성시켰지.

신라 불교 예술을 대표하는 건축물, 불국사

신라 사람들은 '부처의 나라'라는 뜻으로 이 절의 이름을 '불국사'라고 지었어. 불국사가 완성되었을 때의 모습은 정말 **장대했어**. 대웅전, 극락전, 무설전, 비로전, 불국사 3층 석탑, 불국사 다보탑, 청운교, 백운교 등 수십 개의 건물과 탑 등을 갖춘 큰 절이었거든.

대웅전

극락전

청운교

백운교

칠보교

연화교

대웅전으로 향하는 아래쪽 계단은 **백운교**, 위쪽 계단은 **청운교**라는 이름을, **극락전**으로 향하는 아래쪽 계단은 **연화교**, 위쪽 계단은 **칠보교**라는 이름을 지어 주었어. 그 이름을 처음 들었을 때 난 고개를 갸우뚱했어. 계단의 이름에 다리를 뜻하는 '교(橋)' 자를 넣는다는 게 이상했거든.

> "대웅전을 오르는 청운교와 백운교는 일반인의 세계와 부처의 세계를 이어 주는 다리이고, 극락전을 오르는 연화교와 칠보교는 부처의 가르침을 깨달은 사람들만 건널 수 있는 다리이다. 그런 의미로 '교(橋)' 자를 넣어 이름 지었다."

이 계단들은 이름처럼 모양도 직선과 곡선이 조화를 이루고 있어 마치 다리라는 착각이 들 정도로 정교하고 아름다워. 지금은 없지만 청운교와 백운교 계단 아래쪽에 작은 연못도 있었어.

★ **참고 자료**

대웅전: 불상을 모신 법당으로 절에서 가장 중요한 곳이다.

청운교, 백운교: 불국사 대웅전에 오르는 계단으로 각각 푸른 청년과 흰머리 노인의 모습을 상징한다.

극락전: 아미타불을 본존으로 모신 법당이다.

연화교, 칠보교: 불국사 극락전으로 오르는 계단이다.

★ 참고 자료

탑은 석가모니의 유골인 사리를 보관해 존경을 표하기 위해 만든 것으로, 시간이 지나면서 석가모니의 사리 없이 탑을 세웠다. 신라에서는 주로 3층으로 쌓는 탑이 유행하였다.

법당: 절에서 불상을 모시고 불교의 가르침을 전하는 곳이다.

도굴꾼: 무덤이나 유적을 몰래 발굴해서 그곳에서 꺼낸 물건들을 다른 곳에 파는 사람이다.

불국사를 지키는 두 개의 탑

불국사의 유명한 두 개의 탑을 소개할게. 바로 석가탑이라고 불리는 불국사 삼층 석탑과 불국사 다보탑이야.

두 개의 탑은 불국사에서 가장 큰 **법당**인 대웅전 바로 앞뜰에 나란히 세워져 있어. 대웅전을 바라보고 왼쪽(서쪽)에 있는 탑이 불국사 3층 석탑이고, 오른쪽(동쪽)에 있는 탑이 불국사 다보탑이야. 불국사 3층 석탑이 단정한 느낌이라면, 불국사 다보탑은 섬세한 조각들이 화려한 느낌을 주지. 그런데 신라 사람들은 왜 이 두 개의 탑을 같은 위치에 나란히 세웠을까? 신라 사람들은 그 이유를 이렇게 말했어.

"석가탑은 현재의 부처이고 다보탑은 과거의 부처이다. 현재의 부처가 부처의 말씀을 전하면 과거의 부처가 옆에서 옳다고 증명하는 것이다."

아, 그리고 중요한 사실을 깜박 잊을 뻔 했구나. 불국사 3층 석탑에서 아주 중요한 문화유산이 발견됐어. 1960년대에 **도굴꾼**들에 의해 탑이 손상되는 일이 있었는데, 탑을 수리하면서 『무구정광대다라니경』

◉ 불국사 3층 석탑(국보 제21호)

이라는 **경문**이 발견되었단다. 경문 이름에 있는 '다라니'는 부처의 가르침을 말하는데, 이것을 외우거나 써서 탑 안에 넣으면 공덕을 쌓고 복을 받을 수 있다고 믿었지. 『무구정광대다라니경』은 세계에서 가장 오래된 **목판** 인쇄물로 가치를 따질 수 없을 정도로 귀한 유물이야.

◎ 『무구정광대다라니경』(국보 제126호)

10원짜리 동전에 새겨진 불국사 다보탑도 사연이 많은 문화유산이야. 탑 모서리에 네 마리의 사자상이 있었는데 **일제 강점기**에 훼손된 한 마리만 남기고 가져갔다고 해. 가져간 세 마리 중 한 마리는 영국 대영 박물관에 있고, 나머지 두 마리는 어디에 있는지 알 수 없어. 지금 불국사 다보탑에는 그 위치가 뒤바뀐 채로 훼손된 사자상 한 마리만 탑 가운데 남아 있지. 역사 기록에 따라서 사자상도 되찾고, 원래 위치에 놓이게 된다면 지금 모습과는 조금 다를 거야. 지금보다 더 화려하고 아름다운 불국사 다보탑이 완성되는 날이 왔으면 좋겠다.

경문: 부처의 가르침을 기록한 경전의 문장을 말한다.

목판: 글자나 그림을 새긴 나무 판으로 옛날에는 주로 책을 찍는 데 썼다.

★ 참고 자료

일제 강점기: 우리나라가 일본에게 강제로 나라를 빼앗긴 기간으로 1910년부터 광복한 1945년까지이다.

◎ 불국사 다보탑이 새겨진 10원짜리 동전

✿ 불국사 다보탑(국보 제20호)

석굴암

石 돌 **석**
窟 움 **굴**
庵 암자 **암**

경상북도 경주시 토함산 동쪽에 있는 우리나라의 대표적인 인공 석굴 사원이다.

사원: 종교를 믿는 사람들이 모여서 예배를 드리는 교당을 말한다.

본존불: 으뜸가는 부처라는 뜻으로 '석가모니불'을 말한다.

석굴암의 신비

불국사에서 나와 토함산 중턱까지 오르면 석굴암이 나와. 석굴암은 화강암을 이용해서 만든 인공 석굴 **사원**이야. 석굴암은 완성하는 데 무려 20여 년이나 걸렸다고 해. 신라 사람들의 뛰어난 과학 기술과 건축 설계 수준을 엿볼 수 있는 문화유산이지.

인도나 중국에서는 보통 굴을 파서 사원을 만들었는데, 우리나라는 단단한 화강암이 많아서 굴을 뚫기 어려웠대. 그래서 신라 사람들은 화강암을 깎고, 다듬고, 쌓아서 인공 석굴을 완성한 거야.

원형 돔 형태의 천장, 웅장하면서도 자비로운 모습의 **본존불**을 보고 있으면 경이롭기까지 해.

석굴암의 천장은 여러 방향에서 돌을 반원형으로 쌓아 올린 뒤에 꼭대기 부분에 크고 둥근 돌 한 장을 얹어 만들었는데, 이렇게 하면 기둥이 없어도 견고하고 튼튼하게 둥근 모양을 유지할 수 있었어. 사각의 직선으로 쌓아 올리는 일반적인 방식이 아니었기 때문에 당시에는 상상도 못한 방법으로 멋진 석굴 사원을 만든 거지.

◎ 석굴암 석굴의 내부 구조

◎ 석굴암 본존불과 원형 돔 형태의 천장

✿ 석굴암 석굴(국보 제24호, 경상북도 경주시)

석굴암 본존불의 아름다움

그뿐만이 아니라 석굴암 본존불을 조각한 솜씨는 정말 훌륭해. 본
존불은 연꽃 자리 위에 앉아 있는데 정확하게 동남쪽 30도 방향을
바라보고 있어. 그런데 이 방향이 밤의 길이가 가장 긴 동짓날 해가
뜨는 각도와 일치해. 그래서 동짓날 해가 떠오를 때 본존불의 이마를
비추면 이마에 박혀 있던 보석이 환하게 빛나면서 석실 전체가 밝아
졌다고 해. 상상해 봐. 이 세상 모든 사람들에게 자비로운 빛을 내뿜
는 부처의 미소를 말이야.

벽면의 조각상들 또한 예사롭지 않아. 저마다 화려함과 용맹함, **위
엄**과 우아함이 넘치는 것이 어느 한 곳 나무랄 곳이 없어.

불국사와 석굴암은 이렇게 많은 사람들의 사랑을 받으며 평화롭게
부처의 가르침을 전했어. **임진왜란**이 일어나기 전까지는 말이야.

위엄: 존경할 만한 위세
가 있어 점잖고 엄숙한
태도나 기세이다.

★ **참고자료**

임진왜란: 조선 선조 25
년(1592)에 일본이 침입
한 전쟁으로, 선조 31년
(1598)까지 7년 동안 두
차례에 걸쳐 침입하였다.

선사~남북국 **117**

◎ 일제 강점기에 훼손된 불국사(왼쪽)와 석굴암(오른쪽)

해체: 어떤 것을 흩어지
게 하는 것을 말한다.

훼손: 함부로 다루어 깨
지거나 상해서 못 쓰게
되는 것을 말한다.

임진왜란이 일어났을 때 일본군들은 불국사에 불을 질렀어. 신라 사람들이 정성 들여 만든 각종 유물은 파괴되었고, 불국사와 석굴암은 큰 피해를 입고 한동안 고생해야만 했지. 시련은 거기서 끝나지 않았어. 일제 강점기에 일제는 다보탑을 **해체**하고 탑 속에 있던 사리 장치와 사자상을 빼앗아 갔어.

불국사의 피해도 컸지만 석굴암이 입은 피해도 만만치 않았어. 석굴암은 높은 기온과 습한 공기 때문에 동굴 내부가 **훼손**되지 않도록 바닥에 항상 차가운 물이 흐르게 만들었어. 덕분에 석굴 안의 습기가 바닥으로 모여 땅속으로 스며들어서 석굴 안 공기를 건조하게 유지할 수 있었지. 석굴 내부가 습기 때문에 망가지지 않도록 자동 습도 조절 장치를 만들어 놓았던 거야. 그런데 일제 강점기에 일본인들이 석굴암을 해체하고, 콘크리트를 덕지덕지 바르는 바람에 이 기능이 사라졌어. 그래서 지금은 석굴암이 더 망가지지 않도록 내부를 유리로 막아 놓았지. 이제 불국사와 석굴암을 옛 모습 그대로 볼 수 없다는 게 가장 안타까워. 그래도 불국사와 석굴암은 여전히 훌륭한 문화유산으로 가치가 높아. **유네스코 세계 문화유산**으로 지정될 정도로 말이야. 오늘 배운 내용을 기억해 두었다가 불국사와 석굴암을 직접 눈으로 확인해 보면 좋겠다.

★ 참고 자료

유네스코 세계 문화유산:
인류의 보편적 가치를
지닌 자연 유산 및 문화
유산들을 보호. 보존하
기 위하여 '세계 문화 및
자연 유산 보호 협약'의
규정에 따라 유네스코에
서 지정하는 유산을 말
한다. 불국사와 석굴암은
1995년에 우리나라의 여
러 문화유산 중에서 가
장 먼저 유네스코 세계
문화유산으로 공동 등재
되었다.

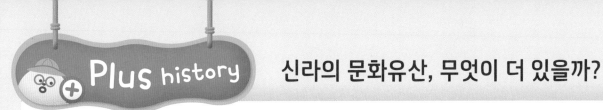

Plus history

신라의 문화유산, 무엇이 더 있을까?

신라 천 년의 도읍이었던 경주는 커다란 능은 기본이고 아무 곳에나 가서 땅을 파도 유물이 나온다는 말이 있어. 그 정도로 경주 도시는 하나의 박물관이라고 해도 지나치지 않을 정도지. 그럼 앞에서 살펴보았던 불국사와 석굴암 외에 신라의 문화유산에는 무엇이 더 있는지 알아볼까?

천상의 소리를 가진 성덕 대왕 신종(에밀레종)

성덕 대왕 신종은 높이가 무려 3.75m나 되는 우리나라에서 가장 큰 종이야. 겉면에 아름다운 조각이 새겨져 있고 소리도 무척 아름답지. 이 종을 만들 때 오랫동안 정성 들여 만들어도 훌륭한 소리가 나지 않자 살아 있는 아이를 쇳물 속에 넣었다는 슬픈 전설이 전해 와. 그렇게 완성된 종의 소리가 마치 '에밀레'하고 아이가 어머니를 부르는 것처럼 들렸대. 그래서 사람들은 이 종을 '에밀레종'이라 부르기도 해.

⊕ 성덕 대왕 신종(국보 제29호)

동양에서 가장 오래된 천문대, 첨성대

선덕 여왕 때 별자리의 움직임을 관찰하기 위해 만들어진 천문 관측기구로 추정하고 있어. 높이가 약 9m로 한 가운데에는 네모난 창문이 있고, 꼭대기에는 우물 정(井)자 모양의 돌 조각이 얹어져 있지. 가운데 창문을 기준으로 위쪽 12단과 아래쪽 12단으로 돌이 쌓여 있는데, 이는 각각 1년의 열두 달을 의미해. 그리고 첨성대를 만드는 데 쓰인 돌은 모두 362개로 이는 1년 365일과 비슷해. 어때? 첨성대 속에 숨겨진 과학 원리, 너무 놀랍지?

⊕ 첨성대(국보 제31호)

신라의 아름다운 궁궐과 연못, 동궁과 월지(안압지)

문무왕 때 신라가 삼국 통일을 하면서 국력이 강성해지자 인공 연못을 만들고 세 개의 섬과 아름다운 동궁을 세웠어. 이 동궁과 월지(안압지)는 낮보다 밤에 보면 더 아름답다고 해.

⊕ 동궁과 월지(안압지)

1 다음 설명에 알맞은 낱말을 보기 에서 골라 빈칸에 써 보세요.

보기   경 사 덕 불 석 본 국 존 암 굴 왕

① ☐☐☐ 은/는 김대성이 지은 '부처의 나라'라는 뜻을 가진 절을 말한다.

② '석불사'는 ☐☐☐ 의 옛 이름이다.

③ 불국사와 석굴암은 통일 신라 시대 ☐☐☐ 때 만들어졌다.

④ 석굴암의 가운데에는 불상 중에 으뜸가는 부처라는 뜻으로,
석가모니불을 이르는 ☐☐☐ 이/가 모셔져 있다.

2 다음 문화유산에 대한 설명을 읽고 맞으면 ○, 틀리면 ✕를 선택해 보세요.

① 불국사와 석굴암은 조선 시대에 지은 절과 사원이다.   ○ ✕

② 불국사 다보탑에서 발견된 『무구정광대다라니경』은 세계에서 가장 오래된
금속 활자이다.   ○ ✕

③ 불국사와 석굴암은 1995년 유네스코 세계 문화유산으로 지정되었다.   ○ ✕

3 다음 문화재 카드의 빈칸에 알맞은 내용을 채워 볼까요?

❶
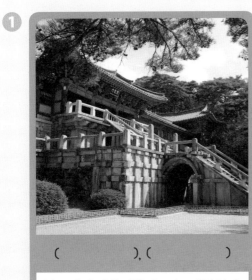
(   ), (   )

불국사의 대웅전을 오르는 계단이다. 일반인의 세계와 부처의 세계를 이어 주는 다리라는 의미가 있는 계단이다.

❷

불국사 3층 석탑

석가탑이라고도 부르며, (   ) 앞뜰의 서쪽에 세워져 있다. 현재의 부처를 상징한다.

❸
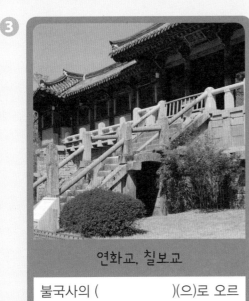
연화교, 칠보교

불국사의 (   )(으)로 오르는 계단으로, 부처의 가르침을 깨달은 사람들만 건널 수 있다.

❹

(   )

대웅전 앞뜰의 동쪽에 세워져 있으며 (   )의 부처를 상징한다.

1 다음 신문 기사를 읽고 빈칸에 알맞은 내용을 써 보세요.

제200호

통일 신라 일보

751년 ○월 ○일

재상 김대성은 _____ 을/를 위해 불국사를, _____

을/를 위해 석불사를 짓겠다는 계획을 발표하였다. 불국사는 대웅전, 불국

사 3층 석탑, 불국사 다보탑, 극락전, 무설전, 비로전, 청운교, 백운교 등 수

십 개의 건축물을 갖출 것이며, _____ (이)라는 뜻으로

'불국사'라고 이름을 지었다고 하였다. 대웅전을 오르는 청운교와 백운교는

_____ 이고, 극락전을 오

르는 연화교와 칠보교는 _____ 이다. 그런

의미로 다리를 뜻하는 '교(橋)' 자를 넣어 이름 지었다.

2 일제 강점기에 불국사 다보탑의 네 귀퉁이에 있던 사자상 중 세 마리를 일본이 가져갔어요. 세 마리 사자상 중 한 마리 사자상이 영국 대영 박물관에 있대요. 대영 박물관에 있는 사자상을 되찾기 위해 탄원서를 써 볼까요?

tip 탄원서는 억울하거나 딱한 사정을 하소연하여 도와주기를 바라는 뜻으로 쓰는 글을 말해.

◈ 현재의 불국사 다보탑

◈ 사자상 네 마리가 본래 위치인 기단 귀퉁이에 놓여 있는 불국사 다보탑 모형(국립 경주 박물관)

"불국사 다보탑의 사자상을 돌려주세요!"

3 인터넷에서 석굴암에 대해서 더 알아보았어요. 새롭게 알게 된 점과 느낀 점을 자유롭게 써 보세요.

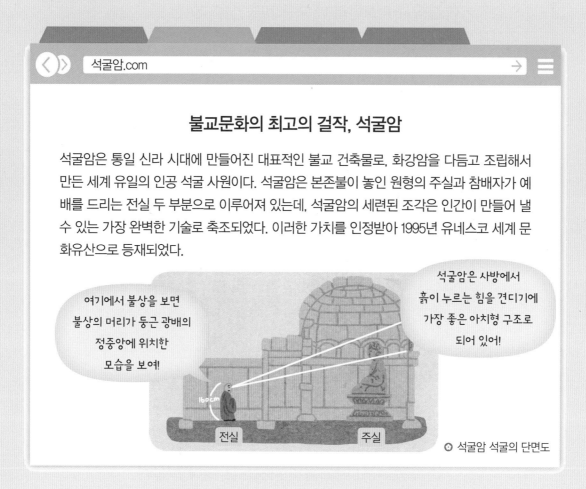

불교문화의 최고의 걸작, 석굴암

석굴암은 통일 신라 시대에 만들어진 대표적인 불교 건축물로, 화강암을 다듬고 조립해서 만든 세계 유일의 인공 석굴 사원이다. 석굴암은 본존불이 놓인 원형의 주실과 참배자가 예배를 드리는 전실 두 부분으로 이루어져 있는데, 석굴암의 세련된 조각은 인간이 만들어 낼 수 있는 가장 완벽한 기술로 축조되었다. 이러한 가치를 인정받아 1995년 유네스코 세계 문화유산으로 등재되었다.

여기에서 불상을 보면 불상의 머리가 둥근 광배의 정중앙에 위치한 모습을 보여!

석굴암은 사방에서 흙이 누르는 힘을 견디기에 가장 좋은 아치형 구조로 되어 있어!

전실   주실

© 석굴암 석굴의 단면도

❶ 새로 알게 된 점

----

❷ 느낀 점

----

4 한국에 놀러 온 외국인 친구와 함께 경주를 방문했어요. 가장 먼저 보여 주고 싶은 장소 또는 유물은 무엇인지 쓰고 그 까닭을 써 볼까요?

경주 스탬프 투어

석굴암 본존불

불국사 대웅전

『무구정광대다라니경』

불국사 3층 석탑

불국사 다보탑

윌리엄, 우리 _____ 부터

보러 가자! 이곳에 가면 _____

_____

Good!
Let's go!

8 발해, 고구려를 계승하다!

 이때는 말이야~

5-2 1. 옛사람들의 삶과 문화
① 나라의 등장과 발전

내가 바로 발해를 세운 대조영이야. 고구려 유민들을 이끌고 동모산에 나라를 세웠지.

고구려 멸망
668

698
발해 건국

무왕 즉위
719

고구려 유민들은 고구려가 멸망한 뒤 당나라로 끌려가 혹독한 삶을 살아야 했지.

발해 제2대 왕으로 고구려 옛 영토를 거의 회복했어!

나는 발해 제3대 왕인 문왕이야. 당나라와 교류를 하며 선진 문물을 받아들였지.

발해는 9세기 후반에 국력이 기울어졌어. 그러다가 갑자기 성장한 거란에게 멸망했어.

선왕 즉위

818

737

문왕 즉위

난 선왕이야. 발해의 전성기를 이루며 중국으로 부터 '해동성국'이라 불렸어. 해동성국은 '바다 동쪽의 강성한 나라'라는 뜻이야.

926

발해 멸망

대조영

大	큰	대
祚	복	조
榮	꽃	영

발해의 제1대 왕이다. 대조영은 고구려가 멸망한 후 당나라의 영주 지방으로 끌려갔다. 거란족의 반란으로 영주 지방이 혼란에 빠지자, 고구려 유민과 말갈족을 이끌고 동모산으로 이동하여 발해를 건국하였다.

★ 참고자료

668년 고구려는 신라와 당나라 연합군의 공격으로 멸망했다. 이후 당나라는 고구려 땅을 다스리기 위해 수많은 고구려 귀족과 백성들을 강제로 당나라에 끌고 갔다. 하지만 고구려 사람들의 끈질긴 저항으로 고구려 땅을 완전히 정복하지 못하였다.

융성하다: 기운차게 일어나거나 대단히 번성하다.

유민: 망하여 없어진 나라의 백성을 말한다.

거란: 만주와 중국 대륙 북쪽에 살던 민족이다.

발해는 동아시아 대륙을 호령했던 고구려를 계승한 나라로, 동북아시아에서 가장 크고 **융성한** 나라로 큰 세력을 떨치고 있었어요. 고구려의 후손인 고문수는 어렸을 때부터 발해의 건국 이야기를 귀가 닳도록 들었어요. 오늘도 할아버지는 고문수의 어린 아들에게 발해의 건국 이야기를 들려 주었어요.

"고구려가 멸망하자, 당나라는 고구려를 차지하려고 수많은 고구려 **유민**들을 강제로 끌고 가 당나라 여러 지역에 나뉘어 살게 했단다. 당나라로 끌려간 사람들 중에는 일반 백성들뿐 아니라 고구려 왕족이나 귀족, 장군도 있었어. 이때, 고구려 귀족이었던 우리 집안도 당나라 영주 땅으로 끌려갔지. 그곳에서의 생활은 정말 고통스러웠다고 해."

"어떤 일이 있었길래요?"

"당나라 관리들은 고구려 사람들을 업신여기며 세금을 함부로 거두어들였고, 조금이라도 눈에 벗어나면 감옥에 가두기도 했지. 고구려 사람들은 이렇게 혹독한 생활 속에서 하루하루를 살아가야 했어. 그러던 중 당나라에 맞서 싸울 기회가 생겼어."

"와, 정말이요? 어떤 기회였나요?"

아이의 동그란 눈이 기대감으로 반짝반짝 빛났어요.

"당나라의 괴롭힘을 견디다 못한 **거란**이 반란을 일으킨 거야. 당나라는 갑작스러운 거란인들의 반란에 깜짝 놀라 허둥거렸지. 영주에 살고 있던 고구려 장군인 **대조영**은 이 기회를 놓치지 않았어. 대조영 장군은 사람들을 모아 놓고 말했단다."

"고구려 후손인 나, 대조영은 당나라를 떠나 새 나라를 세울 것이다!"

어느새 고문수가 다가와 할아버지의 이야기를 거들었어요.

"그러자 고구려 유민은 물론 **말갈인**까지 대조영 장군에게 구름처럼 몰려들었단다. 대조영 장군은 무리를 이끌고 당나라 군사와 용감하게 맞서 싸우면서 동쪽으로 이동했어. 어느덧 **동모산** 부근에 도착한 대조영 장군은 그곳에 나라를 세웠단다."

"그 나라가 고구려를 이은 나라, 발해 맞죠?"

아이가 할아버지 이야기에 냉큼 끼어 들었어요.

"그래, 맞아! 고구려가 멸망한 지 30년 만인 698년 동모산에 고구려를 잇는 발해가 건국되었지. 이때 할아버지 나이가 10살이었는데 너무 좋아서 엉엉 울었던 기억이 나는구나."

그때의 감격이 떠올랐는지 할아버지의 눈시울이 붉어졌어요.

⊙ 동모산(중국 지린성)

말갈인: 중국 만주 일대에 흩어져 사는 민족을 일컫는 말이다.

★ **참고 자료**

발해의 건국으로 우리 역사는 남쪽의 신라와 북쪽의 발해가 공존하는 남북국의 형세를 이루게 되었다.

발해의 수도 **상경성**은 언제나 활기가 넘쳤어요. 궁궐로 향하면서 고문수는 할아버지를 떠올리며 옅은 미소를 지었어요.

'젊었을 때 할아버지는 발해의 용감한 장군이셨다는데.'

발해는 나라를 세운 후 정복 전쟁을 연달아 벌이며 영토를 넓혔는데, 특히 대조영의 아들인 **무왕**은 적극적인 정복 활동으로 옛 고구려 영토를 회복했어요. 할아버지는 그때 일을 이야기할 때면 어깨에 힘을 잔뜩 주었어요.

"무왕 때 발해는 당나라와 당당히 맞서는 큰 나라가 되었단다. 그런데도 당나라가 발해를 계속 무시하는 거야. 무왕은 군대를 출동시켰고, 당나라로 쳐들어가 큰 승리를 거두었어. 그때 나도 고구려의 후손답게 용감하게 싸웠단다. 그 후 발해는 더욱 **강성한** 나라가 되었지."

★참고 자료

무왕: 발해 제2대 왕이다. 인안(仁安)이라는 독자적인 연호를 사용하고, 당나라의 산둥 지방을 공격하여 고구려의 옛 영토를 회복하였다. 또한 일본과 우호 관계를 맺자고 제의하는 등 발해의 기틀을 튼튼히 다지기 위해 노력하였다.

강성하다: 힘이 강하고 번성하다.

하지만 무왕의 아들인 **문왕**은 당나라와의 싸움을 그만두고 친하게 지냈어요. 원수 같은 당나라와 어떻게 친하게 지낼 수 있냐고요? 당시 당나라는 발해의 주변 국가들 중에서 가장 발전된 나라였으니까요. 적이라도 좋은 건 배워야 하잖아요. 문왕은 당나라의 선진 문물과 제도를 받아들이며 발해를 발전시키려 했어요.

문왕은 사신을 자주 보내 당나라의 선진 문물을 배워 오게 했고, 그 덕분에 고문수도 당나라에 갈 기회를 얻게 되었지요. 고문수는 당나라에서 보고 배운 것으로 새로운 수도 상경성 건설과 나라의 제도 정비 과정에 참여했어요.

발해의 수도인 상경성은 당나라의 도읍인 장안의 모습을 참고하여 건설되었는데 무척이나 웅장하고 아름다웠어요. 궁궐 앞에는 크고 반듯한 길이 쭉 뻗어 있었고, 길 사이사이에는 크고 화려한 기와집과 시장, 절 등이 있었어요. 상경성에는 수많은 마차와 사람들로 붐볐는데, 사람들 얼굴에는 웃음이 가득했어요. 고문수는 흐뭇한 마음으로 궁궐로 들어가 문왕을 만났어요.

"상경은 넓은 발해를 다스리기에 참 좋은 곳이다. 근처에 평야가 있어 농사짓기 좋고, 나라의 중심에 위치하니 백성을 다스리기 좋으며, 다른 나라와 무역을 하기에도 안성맞춤이구나."

이후, 문왕은 동경으로 한 번 더 도읍을 옮겼어요. 동경은 해상 교통이 발전한 곳으로 여러 나라와 무역을 하기 좋은 위치였어요.

"임금께서 동모산에서 중경으로, 중경에서 상경으로, 상경에서 동경으로 도읍을 여러 번 옮기시니 발해의 영토 구석구석이 다 같이 발전할 수 있게 되었습니다.

★ **참고 자료**

문왕: 발해의 제3대 왕이다. 수도를 동모산에서 중경으로, 중경에서 상경으로, 상경에서 동경으로 세 차례 옮겼다. 이 과정에서 발해의 여러 지역을 개발하였다.

특산품: 어떤 지역에서 특별히 생산되는 물품이다.

담비: 숲에 사는 짐승. 족제비와 비슷하나 조금 더 크고 다리가 짧다. 털빛은 누런 갈색이다.

★참고 자료

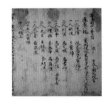

발해가 일본에 보낸 외교 문서: 발해가 일본에 보낸 외교 문서에는 발해 왕을 고구려 왕으로 칭하여 고구려를 계승한다는 의미를 담고 있다.

일본에서 발견된 목간: 일본은 발해에 사신을 보내면서 발해를 '고려(고구려)'라고 표현하였다.

문왕은 당나라 말고도 신라, 일본, 거란 등 여러 나라와 활발하게 교류했어요. 이를 위해 상경을 중심으로 거미줄처럼 사방으로 뻗어 나가는 길을 만들었지요. 그 가운데 중요하게 여기는 다섯 개의 길이 있었는데, 바로 영주길, 조공길, 거란길, 신라길, 일본길이에요. 이 다섯 길을 통해 발해는 **특산품**인 **담비**, 말 등을 수출하고, 다른 나라로부터 서적과 비단, 귀금속 등 각 나라의 특산물을 들여왔지요.

그리고 문왕은 각 나라와의 교류를 통해 발해가 고구려를 계승한 나라라는 것을 분명하게 알리고자 했어요. 이번에 고문수를 일본에 보내는 것도 바로 이런 이유 때문이었지요. 문왕이 일본 왕에게 보낸 외교 문서에 스스로를 고구려 왕으로 칭하고 있었으니까요.

고문수는 험한 바닷길을 건너 일본 왕을 만났어요. 일본 왕은 발해 사신인 고문수 일행을 위해 성대한 잔치를 베풀었어요.

"고구려 사신이 귀한 선물을 가지고 오니, 기쁘고 고맙소."

일본도 발해를 고구려라고 불렀어요. 고문수의 가슴에 고구려를 이어받았다는 자부심이 가득 차올랐어요.

고문수가 일본에 다녀온 지 한 달이라는 시간이 흘렀어요. 오늘따라 상경성의 백성들이 한껏 들떠 있어요. 상경성에서 가장 큰 절에 크고 웅장한 석등이 옮겨지는 날이거든요. 부처를 열심히 믿는 사람들은 석등이 어떤 모습일까 몹시 궁금해했어요. 고문수도 궁금함을 참을 수 없어 절을 찾아갔지요.

절 가운데 놓인 석등은 위풍당당한 모습을 뽐냈어요. 수많은 사람이 석등의 아름다움에 감탄을 자아냈어요.

"이렇게 큰 석등을 보니 광개토 대왕릉비가 생각나는군."

"하늘을 향해 우뚝 솟은 것이 발해의 기상을 꼭 빼닮았어."

"임금께서 나라 곳곳에 큰 절과 불상, 석등을 만들고 불교를 부흥시키시니, 부처님이 발해에 큰 복을 주실 거야."

그때 문왕이 두 공주와 함께 석등을 보기 위해 절에 도착했어요. 백성들은 왕과 공주를 향해 고개를 숙였고, 문왕은 고개를 들어 크고 웅장한 석등을 올려다 보았어요.

"세상에서 가장 아름다운 석등이 만들어졌구나."

곧 발해의 백성들이 석등을 돌며 소원을 빌기 시작했어요. 고문수도 석등을 돌며 소원을 빌었지요.

"발해의 발전과 영광이 영원하기를 부처님께 빌고 또 빕니다!"

해동성국

海	바다 **해**
東	동녘 **동**
盛	성할 **성**
國	나라 **국**

발해는 무왕, 문왕을 거쳐 발전하다가 9세기 선왕 때 전성기를 맞이했다. 이때 당나라에서는 발해를 '바다 동쪽의 번성한 나라'라는 뜻으로 '해동성국'이라 불렀다.

★ **참고 자료**

선왕: 발해의 제10대 왕으로, 행정 구역을 개편하고 학술을 진흥시키는 등 발해의 전성기를 이끌었다.

시간이 흐르고 818년에 **선왕**이 즉위한 뒤, 발해는 요동 지역까지 진출하여 발해 역사상 가장 넓은 영토를 차지했어요. 또 선왕은 전국에 상경, 중경, 동경, 남경, 서경의 5경을 두어 발해의 넓은 영토를 효율적으로 통치하고 균형적인 발전을 이루고자 했어요. 이때 발해는 최고의 전성기를 누렸는데 당나라에서는 '바다 동쪽의 강성한 나라'라는 뜻으로 '**해동성국**'이라 불렀답니다.

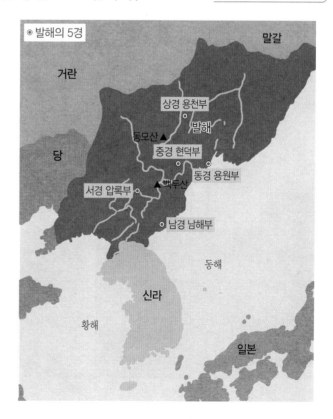

◉ 발해의 5경

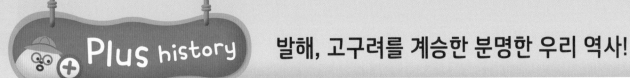
발해, 고구려를 계승한 분명한 우리 역사!

발해는 우리 역사상 북쪽으로 가장 넓은 영토를 차지했을 뿐만 아니라, 여러 분야에서 큰 발전을 이루어 '바다 건너 동쪽의 가장 융성한 나라'라는 뜻의 '해동성국'이라 불렸어. 하지만 발해는 기록이 많이 남아 있지 않아 수수께끼 같은 나라였지. 하지만 발굴을 통해 발해는 고구려인이 세우고, 고구려인이 이끌고, 고구려를 계승한 분명한 우리 역사란 걸 알 수 있어. 발해가 왜 고구려를 계승한 나라인지 그 증거를 알려 줄게!

증거 1 수막새

⊙ 고구려 수막새

⊙ 발해 수막새

고구려와 발해는 불교를 널리 믿었어. 그래서 수막새(기와)에 연꽃무늬를 많이 새겨 넣었지. 두 기와를 살펴보면 원 주위에 꽃잎이 둘러싼 형태가 무척 비슷해!

증거 2 토기

⊙ 고구려 토기

⊙ 발해 토기

고구려와 발해의 토기는 밖으로 나와 있는 넓은 입구 부분과 몸통 부분이 위에서 아래로 점점 작아지는 오목한 형태라는 공통점이 있어!

증거 3 온돌

⊙ 고구려의 온돌

⊙ 발해의 온돌

고구려와 발해는 추운 지방에 위치해 있어서 방 전체가 아닌 일부에만 'ㄱ'자나 'ㄷ'자 모양으로 온돌을 설치했어.

증거 4 정혜 공주와 정효 공주의 무덤

문왕의 딸인 정혜 공주와 정효 공주의 무덤에도 발해가 고구려의 문화를 계승했다는 증거를 찾을 수 있어. 정혜 공주의 묘의 천장을 보면 점점 공간이 줄어드는데, 이는 고구려 무덤에서 볼 수 있는 모줄임 천장 구조 양식이야. 그리고 돌사자상이 함께 출토되었는데, 머리를 치켜들고 눈을 부릅뜨고 있으며 입을 벌린 모습은 힘차고 생동감이 넘치지.

정효 공주의 묘는 당나라와 고구려 양식이 혼합되어 있어. 정효 공주의 무덤은 벽돌 무덤인데 벽돌로 쌓는 것은 당나라의 양식이지만, 무덤 천장은 고구려의 양식인 모줄임 천장 구조야.

그리고 두 공주의 무덤 앞에는 비석이 세워져 있는데, 비문을 보면 발해의 한문 수준이 상당히 높았던 것을 알 수 있어. 또, 정효 공주의 묘비에 문왕의 어진 정치에 대해서도 쓰여 있어. 묘비에 문왕을 '황상'이라고 불렀는데 그 당시 중국의 황제와 동등한 자격으로 생각했다는 것을 알 수 있어.

◉ 정혜 공주 무덤에서 발견된 비석(왼쪽)과 돌사자상(오른쪽)

◉ 정효 공주의 무덤 속 벽화

> 정효 공주의 무덤 속 벽화에는 총 열 두 명의 인물이 그려져 있어. 무사, 하인, 악기를 연주하는 악공 등의 모습을 통해 발해 사람들의 생김새와 옷차림을 알 수 있어!

1 뉴스에 등장하는 나라의 이름을 빈칸에 적고, 이 나라에 대한 설명으로 맞으면 ○, 틀리면 ✕를 선택해 주세요.

상경성 옛터에서 유물과 유적이 발견되었습니다. 궁궐 터에서는 용머리상이, 절터에서는 큰 석등이 발견되어 화제입니다.

상경성 옛터에서 [   ] 유물 발견

1 이 나라의 백성들은 부처를 열심히 믿고 받들었어요.   ○ ✕

2 고구려를 계승한 나라로, 이 나라의 왕들은 자신이 고구려 왕이라 일컫기도 했어요.   ○ ✕

3 이 나라는 당나라를 원수로 여기며 끝까지 배척했어요.   ○ ✕

2 발해가 고구려를 잇는 나라라는 것을 알 수 있는 유물을 모두 찾아 ○표 하세요.

3 다음은 발해가 건국되어 발전하는 과정에 등장하는 인물이에요. 말풍선 빈칸에 알맞은 말을 쓰고, 말하는 사람이 누구인지 써 보세요.

1 나는 누구일까요?

나는 발해를 세운 사람이에요. 고구려가 멸망한 후, 당나라는 수많은 고구려 유민들을 끌고 가 업신여겼지요. 이후 당나라가 혼란에 빠졌을 때 나는 고구려 유민과 말갈인을 이끌고 당나라를 탈출해 ⬚에 도읍을 정하고 발해를 세웠어요.

2

나는 대조영의 아들로 발해의 영토를 크게 넓혔어요. 나는 북쪽 지역으로 정복 활동을 벌여 ⬚의 옛 영토를 회복했지요. 또한 당나라를 공격해 큰 승리를 거두며 당나라가 발해를 함부로 대하지 못하게 했어요.

나는 누구일까요?

3 나는 누구일까요?

나는 주변 나라와 사이좋게 지내기로 결심했어요. ⬚의 선진 문물을 받아들여 나라의 제도를 정비하고 발전시켰어요. 또, 도읍지를 여러 번 옮기고, 상경을 중심으로 발해 다섯 길을 만들어 다른 나라와 교류했어요.

4

나는 발해 제10대 왕이에요. 발해 역사상 가장 넓은 영토를 차지했고, 전국에 상경, 중경, 동경, 남경, 서경의 5경을 두어 발해의 넓은 영토를 효율적으로 통치했지요. 이때 발해는 최고의 전성기를 누리며 당나라로부터 ⬚(이)라 불렸어요.

나는 누구일까요?

1 고구려의 장군 출신이었던 대조영은 영주를 떠나 동모산에서 새로운 나라 발해를 건국했어요. 대조영은 어떤 말로 고구려 유민들을 설득했을까요? 아래 말풍선에 상상하여 써 보세요.

나는 고구려의 장군이었던 대조영입니다.

_____

_____

_____

2 발해에는 상경성을 중심으로 다섯 길이 있었어요. 발해는 이 길을 통해 다른 나라와 교류를 했어요. 발해는 어떤 나라였을 지 짐작해서 써 볼까요?

tip 발해가 다른 나라와 교류하는 다섯 길을 만든 이유를 생각해 볼까?

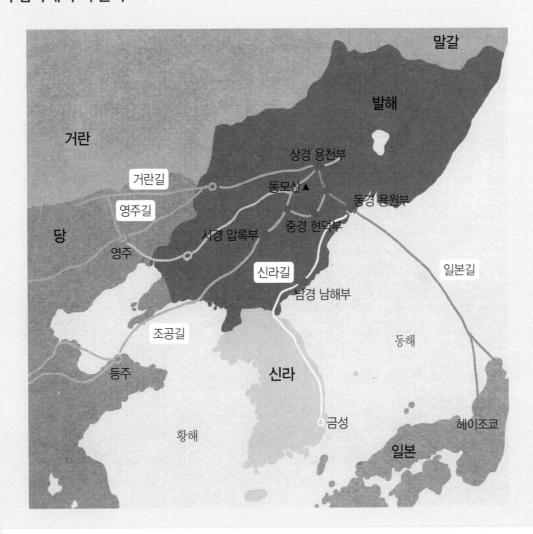

3 발해는 무왕과 문왕 때 크게 발전했어요. 하지만 두 왕 때 당나라와의 관계는 정반대였지요. 만약 내가 발해의 왕이었다면 당나라와 어떤 관계를 맺었을지 고르고, 그 까닭을 써 보세요.

tip 발해는 고구려를 계승한 나라야. 그런데 당나라는 신라와 함께 고구려를 멸망시켰지.

당나라는 고구려를 멸망시킨 원수의 나라야. 게다가 우리 발해를 우습게 보다니. 가만두지 않겠어!

비록 당나라가 원수의 나라이기는 하지만 선진국인걸. 당나라와 교류하여 발해의 제도와 문화를 발전시켜야겠어!

무왕

문왕

❶ 내가 발해의 왕이었다면 당나라와 (우호적인   /   적대적인   ) 관계를 맺었을 것이다.

❷ 그 까닭은 무엇인가요?

----

4 발해는 전국에 5경을 두어 나라를 다스렸어요. 발해는 왜 수도 역할을 하는 도시를 다섯 곳이나 두었는지 그 까닭을 써 보세요.

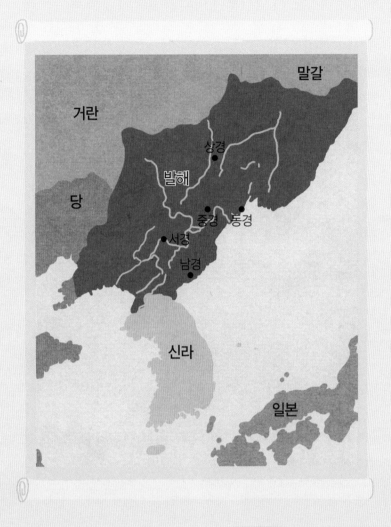

발해가 수도 역할을 하는 도시를
다섯 곳이나 둔 이유는 말이야……

쉬어가기

★ 신라 시대의 문화재에는 무엇이 더 있는지 살펴보며 미로를 탈출해 볼까요?

출처

사진

앗!

본책의 가이드북을 분실하셨나요?
길벗스쿨 홈페이지에 들어오시면
내려받으실 수 있습니다.

기적의
역사 논술

가이드북

1권

학부모 가이드 & 해답 활용법

history **Point** 문제의 경우에만 정답을 확인하시고 정오답을 체크해 주십시오.

Talk history 논술형 문제에 해당하는 모범 답안은 참고만 하셔도 됩니다.

역사적 사실을 서술하는 문제의 경우는 방향을 맞게 잡고 서술하고 있는지만 확인해 봐 주시고, 아이들의
다양한 생각 표현이 모범답과 다르다고 하여 틀렸다고 결론내지 마십시오. 문제를 해결하고 의사를 결정하
는 데 있어 아이 나름대로 근거가 있고, 타당한 대답이라면 정답으로 인정합니다. 이치에 맞지 않은 답을 한
경우에만 수정하고 정정할 기회를 주시기 바랍니다. 탐구하는 과정에 집중해 주세요.

다소 엉뚱하지만 창의적이고,
기발하면서 논리적인 대답에는 폭풍 칭찬을 잊지 마세요!

부디 너그럽고 논리적인 역사 논술 가이드가 되길 희망합니다.

1 선사 시대 사람들은 어떻게 살았을까?

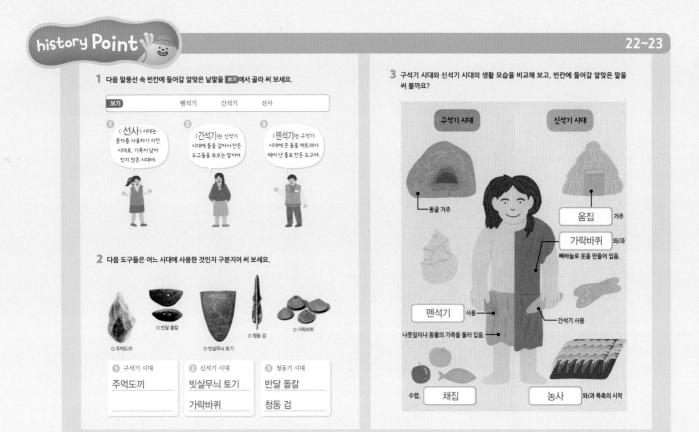

1 다음 말풍선 속 빈칸에 들어갈 알맞은 낱말을 보기에서 골라 써 보세요.

보기   뗀석기   간석기   선사

① (선사) 시대는 문자를 사용하기 이전 시대로, 기록이 남아 있지 않은 시대야.

② (간석기)는 신석기 시대에 돌을 갈아서 만든 도구들을 부르는 말이야.

③ (뗀석기)는 구석기 시대에 큰 돌을 깨트려서 떼어 낸 돌로 만든 도구야.

2 다음 도구들은 어느 시대에 사용한 것인지 구분지어 써 보세요.

◦ 주먹도끼   ◦ 반달 돌칼   ◦ 빗살무늬 토기   ◦ 청동 검   ◦ 가락바퀴

❶ 구석기 시대	❷ 신석기 시대	❸ 청동기 시대
주먹도끼	빗살무늬 토기 가락바퀴	반달 돌칼 청동 검

3 구석기 시대와 신석기 시대의 생활 모습을 비교해 보고, 빈칸에 들어갈 알맞은 말을 써 볼까요?

구석기 시대 / 신석기 시대

동굴 거주

움집 거주

가락바퀴 와/과

뼈바늘로 옷을 만들어 입음.

뗀석기 사용

간석기 사용

나뭇잎이나 동물의 가죽을 둘러 입음.

수렵, 채집 / 농사 와/과 목축의 시작

1 예 인류가 도구를 사용하게 된 계기는 두 발로 걷게 되면서 두 손이 자유로워졌기 때문이다.

2 예 말 → 마차 → 자동차 → 비행기

3 예 간석기는 돌을 갈아서 만들었기 때문에 뗀석기보다 더 정교하고 날카로워. 그리고 뗀석기보다 종류가 다양하지.

4 예 식: 구석기 시대에는 사냥과 채집을 통해 식량을 구했고, 신석기 시대에는 농사를 지었다.

예 주: 구석기 시대 사람들은 동굴이나 바위 그늘에 살았고, 신석기 시대 사람들은 강가나 바닷가에 움집을 짓고 살았다.

5 예 ❶ 농사의 시작 ❷ 조나 수수 등 농사를 짓기 시작하면서 먹을 것이 풍부해졌고, 이것으로 죽을 끓여 먹어 영양 상태가 좋아져 오래 살 수 있게 되었다.

예 ❶ 도구의 발명 ❷ 도구를 만들어 사용하면서 농사를 짓고, 고기를 잡고, 사냥을 하는 등 먹을거리를 구하기 쉬워지면서 인간 생활이 크게 발전할 수 있었다.

예 ❶ 불의 사용 ❷ 불을 사용하면서 추운 겨울에도 몸을 따뜻하게 보호하고, 맹수의 공격을 피할 수 있었다.

예 ❶ 정착 생활의 시작 ❷ 한곳에 정착하여 집을 짓고 살면서 다양한 문화를 발전시킬 수 있었다.

1 인류는 직립 보행을 하게 되면서부터 두 손이 자유로워
지게 되었고, 도구를 사용할 수 있게 되었습니다.

2 맨 처음 인간은 맨발로 걷다가 동물의 힘을 이용하여 이
동했습니다. 그러다가 바퀴를 발명하게 되어 마차를 이
용하게 되었고, 18세기 후반에는 자동차를 발명하였습
니다. 이후, 기술이 계속 발전하면서 열차, 비행기 등 다
양한 교통 수단을 이용할 수 있게 되었습니다.

3 뗀석기는 돌을 깨뜨리거나 떼어 내어 만들었고, 간석기
는 용도에 맞게 돌을 갈아서 만들었습니다. 따라서 간석
기는 뗀석기보다 더 정교하고 쓰임에 따라 종류도 다양
합니다.

4 구석기 시대 사람들은 동물의 가죽, 나뭇잎을 몸에 걸쳤
으며, 신석기 시대 사람들은 가락바퀴와 뼈바늘로 실을
꿰어 옷감을 만들고 옷을 지어 입었습니다. 그리고 구석
기 시대에는 동굴이나 바위 그늘에 살면서 사냥과 채집
활동을 하며 이동 생활을 하였고, 신석기 시대에는 강가
에 움집을 짓고 농사를 지으며 모여 살았습니다.

5 농사의 시작, 도구의 발명, 불의 사용, 정착 생활의 시작
은 모두 인간 문명의 발전에 중요한 영향을 미친 사건
들입니다. 이 중에서 내가 생각하는 가장 중요한 사건은
무엇인지, 그렇게 생각하는 까닭은 무엇인지 써 봅니다.

2 한반도 최초의 나라, 고조선

history Point

1 다음은 고조선 건국과 관련된 설명이에요. 설명을 읽고 낱말 퍼즐을 완성해 보세요.

가로 풀이
❶ 하늘을 다스리는 신의 아들이자, 단군왕검의 아버지.
❹ 고조선의 지배자들이 권력을 과시하기 위해 만든, 돌로 만든 무덤.
❺ 고조선의 첫 도읍지.

세로 풀이
❷ 단군의 어머니.
❸ 우리 민족 역사상 첫 번째로 건국된 국가.
❻ 고려 시대 일연이 고조선부터 후삼국 시대까지 기록한 역사서.

		❶환	°웅	
			녀	
고	인	돌		
조		°삼		
선		국		
		유		
	°아	사	달	

2 청동기 시대에 일어난 일을 바르게 말한 친구의 이름을 모두 써 보세요.

다른 부족을 정복하며 세력을 넓혔어. (민우)

먹을 것을 찾아 옮겨다녔어. (정혁)

사람들 사이에 계급이 생겼어. (혜성)

하늘에 제사를 지냈어. (지혜)

(민우, 혜성, 지혜)

3 다음은 고조선의 건국 이야기를 정리한 거예요. 빈칸에 알맞은 말을 넣어 완성해 보세요.

❶ 환웅이 **바람** · **비** · **구름** 을/를 다스리는 신하와 삼천 명의 무리를 이끌고 인간 세상으로 내려왔어요.

⬇

❷ 어느 날 곰과 호랑이가 환웅을 찾아와 사람이 되게 해 달라고 빌었어요. 환웅은 **쑥** 와/과 **마늘** 을/를 먹으며 100일 동안 햇빛을 보지 않으면 사람이 될 거라고 했어요.

⬇

❸ 곰과 호랑이는 동굴로 들어가 사람이 되기 위해 노력했지만, 호랑이는 견디지 못했고, 곰은 잘 참아 내어 결국 **사람 (웅녀)** 이/가 되었어요.

⬇

❹ **웅녀** 은/는 환웅과 결혼해 아들을 낳았고, 그 아들이 후에 **단군왕검** 이/가 되었어요. **단군왕검** 은/는 아사달로 도읍을 삼고 고조선을 건국했어요.

1 ❶ 예 농사를 중요하게 여겼다는 걸 ❷ 하늘을 믿는 부족과 곰을 믿는 부족이 힘을 합쳤다는 걸

2 ❶ 예 다른 사람을 다치게 한 사람은 곡식으로 갚으라고 한 것을 통해 개인의 재산을 인정해 주었다는 것을 알 수 있다.
　❷ 예 남의 물건을 훔친 사람을 노비로 삼았다는 것을 통해 신분 제도가 있었다는 것을 알 수 있다. /
　　　죄를 면하려면 50만 전을 내게 한 것을 통해 화폐를 사용했다는 것을 알 수 있다.

3 예 지배자인 나의 힘이 얼마나 크고 강력한지 보여주기 위해서야. 그래서 사람들이 나와 다음 지배자들에게 복종하게
　　만들기 위해서지.

4 부여: ❶ / 고구려: ❹ / 옥저: ❸ / 동예: ❷ / 삼한: ❺

5 예 ❶ 고구려
　　❷ 용맹하게 정복 활동을 해서 영토를 확장해 나가는 고구려가 멋있어 보이기 때문이다.

해설

1 바람, 비, 구름은 날씨를 구성하는 요소로, 농사에 중요한 영향을 미치는 자연환경입니다. 따라서 환웅이 직접 바람, 비, 구름을 다스리는 신하를 데리고 내려왔다는 것은 그만큼 농사를 중요하게 생각했다는 것을 뜻합니다. 그리고 환웅이 곰에서 여자로 변한 웅녀와 결혼했다는 것은 하늘을 믿는 부족이 곰을 믿는 부족과 결합했다는 것을 뜻합니다.

2 고조선의 법(8조법) 조항을 통해 당시 고조선 사람들의 생활 모습을 짐작할 수 있습니다. '사형에 처한다.'라는 내용을 통해 법이 매우 엄격했고, '곡식으로 갚는다.'는 내용을 통해 개인이 재산을 가질 수 있는 사회라는 것을 알 수 있습니다. 또한 '노비로 삼는다.'는 내용으로 당시에 신분의 차이가 있었다는 것과 '죄를 면하려면 50만 전의 돈을 내야 한다.'는 내용을 통해 돈, 즉 화폐를 사용했다는 것을 짐작할 수 있습니다.

3 고인돌의 크기는 곧 그 사람(지배자)이 부릴 수 있는 사람(피지배자)들의 수를 가리킵니다. 청동기 시대 지배 세력들은 거대한 무덤을 만들어 자신의 힘이 얼마나 큰지 보여 주었습니다. 이를 통해 죽어서도 살아 있을 때의 부귀와 명예를 누리고, 자신의 후손들도 영원히 권력을 누리기를 바란 것입니다.

4~5 고조선 이후에 만주와 한반도에는 여러 나라가 등장하였습니다. 부여는 우리 역사상 고조선에 이어 두 번째로 세워진 나라로, 가축을 소중히 여겨 높은 관리의 이름을 '마가, 우가, 저가, 구가'로 불렀습니다. 고구려는 도읍지인 졸본이 산이 많고 척박하여 정복 활동을 벌였습니다. 옥저는 주변 나라의 침략을 많이 받아 며느리를 미리 정해 어렸을 때 데려와서 보호하며 키우는 민며느리 제도가 있었습니다. 동예는 산이 많고 험해 마을과 마을 사이에 교류가 적어 다른 마을에 침범하면 노비가 되거나 벌금을 물었습니다. 한반도 남쪽에 등장한 삼한(마한, 진한, 변한)은 날씨가 따뜻하여 벼농사가 잘 되어 풍족한 생활을 하였습니다.

고구려의 왕자, 백제를 건국하다

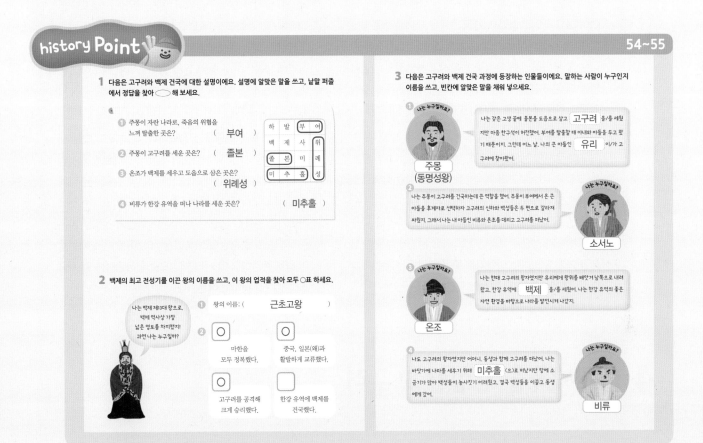

1 다음은 고구려와 백제 건국에 대한 설명이에요. 설명에 알맞은 말을 쓰고, 낱말 퍼즐에서 정답을 찾아 ◯ 해 보세요.

① 주몽이 자란 나라로, 죽음의 위험을 느껴 탈출한 곳은? (부여)

② 주몽이 고구려를 세운 곳은? (졸본)

③ 온조가 백제를 세우고 도읍으로 삼은 곳은? (위례성)

④ 비류가 한강 유역을 떠나 나라를 세운 곳은? (미추홀)

하	발	부	여
백	제	사	위
졸	본	미	례
미	추	홀	성

2 백제의 최고 전성기를 이끈 왕의 이름을 쓰고, 이 왕의 업적을 찾아 모두 ◯표 하세요.

나는 백제 제13대 왕으로, 백제 역사상 가장 넓은 영토를 차지했지! 과연 나는 누구일까?

① 왕의 이름: (근초고왕)

②
◯ 마한을 모두 정복했다.

◯ 중국, 일본(왜)과 활발하게 교류했다.

◯ 고구려를 공격해 크게 승리했다.

☐ 한강 유역에 백제를 건국했다.

3 다음은 고구려와 백제 건국 과정에 등장하는 인물들이에요. 말하는 사람이 누구인지 이름을 쓰고, 빈칸에 알맞은 말을 채워 넣으세요.

① 나는 누구일까요?
나는 갖은 고생 끝에 졸본을 도읍으로 삼고 고구려 을/를 세웠지만 마음 한구석이 허전했어. 부여를 탈출할 때 아내와 아들을 두고 왔기 때문이야. 그런데 어느 날, 나의 큰 아들인 유리 이/가 고구려에 찾아왔어.

주몽 (동명성왕)

② 나는 누구일까요?
나는 주몽이 고구려를 건국하는데 큰 역할을 했어. 주몽이 부여에서 온 큰 아들을 후계자로 선택하자 고구려의 신하와 백성들은 두 편으로 갈라져 싸웠지. 그래서 나는 내 아들인 비류와 온조를 데리고 고구려를 떠났어.

소서노

③ 나는 누구일까요?
나는 한때 고구려의 왕자였지만 유리에게 왕위를 빼앗겨 남쪽으로 내려왔고, 한강 유역에 백제 을/를 세웠어. 나는 한강 유역의 좋은 자연 환경을 바탕으로 나라를 발전시켜 나갔지.

온조

④ 나는 누구일까요?
나도 고구려의 왕자였으니 어머니, 동생과 함께 고구려를 떠났어. 나는 바닷가에 나라를 세우기 위해 미추홀 (으)로 떠났지만 땅에 소금기가 많아 백성들이 농사짓기 어려웠고, 결국 백성들을 이끌고 동생에게 갔어.

비류

1 (예) ① 수혁 ② 주몽은 부여에서 쫓기듯 도망쳐 왔기 때문에 그 무리가 초라했다. 아무리 주몽이 용맹하다 하더라도 여러 부족들을 정복하고 나라를 세운다는 것은 스스로의 힘만으로는 불가능했을 것이다. 결국 주몽이 고구려를 건국할 수 있었던 이유는 졸본에서 가장 힘이 센 세력의 딸인 소서노를 만나 그녀의 도움을 받았기 때문이다.

2 (예) 고구려 무사들이 용맹하다는 걸 모르는 사람이 없는걸요. 더군다나 온조 왕자님과 무리들이 가지고 온 날카로운 무기를 보고는 싸울 용기가 나지 않더라고요. 그래서 순순히 온조 왕자님의 백성이 되었어요.

3 (예) 백제는 한강 유역에 자리를 잡아 넓고 기름진 평야가 많아 농사짓기 좋았고, 이로 인해 백성들의 생활이 풍족했다. 그리고 서쪽의 바다(황해)를 통해 중국과 교류하며 중국의 선진 문물을 받아들일 수 있었다. 또한, 고구려가 북쪽의 주변 나라와 싸우는 동안 백제는 남쪽에서 비교적 안정적으로 발전할 수 있었다.

4 (예) ① 건국 이야기에서 알은 둥근 태양을 상징한다. 고대 왕들은 자신을 태양의 자손이라고 백성들에게 알려 자신의 존재를 위대하고 신비롭게 만들었다. ② 어느 날, 낮에 갑자기 캄캄해지더니 하늘에서 주먹만한 우박이 쏟아졌다. 사람들은 이 일을 이상하게 생각했다. 그리고 그 다음 날, 한강 다리 밑에서 공룡 알처럼 큰 알 하나가 발견되었다. 그 알을 가져와 관찰했는데, 10일이 지나자 알을 깨고 한 아이가 탄생했다. 그게 바로 나다!

1. 주몽은 무예가 뛰어나고, 용맹하고, 지혜로워 왕의 자질을 갖추고 있었습니다. 부여 왕자들은 그런 주몽을 질투하며 그를 죽이려 하였고, 결국 주몽은 부여를 탈출합니다. 주몽은 졸본에서 가장 큰 세력의 딸인 소서노를 만나는데, 주몽이 주변 부족을 정복하고 사람들의 인심을 얻는 데 큰 도움을 주었습니다. 그래서 사람들은 고구려 건국의 일등 공신으로 소서노를 지목하기도 합니다.

2. 고구려는 활발한 정복 활동을 벌여 영토를 넓혀 갔고, 고구려 무사의 용맹함은 남쪽에도 알려졌습니다. 온조는 그를 따르는 고구려 백성들을 데리고 한강 유역으로 내려왔고, 그들이 가지고 온 번쩍거리는 무기를 보는 순간 한강 유역에 살고 있던 사람들은 온조 무리와 싸울 용기가 나지 않았을 것입니다. 그리고 온조가 따뜻한 성품을 가지고 있다는 이야기를 들은 사람들은 온조에게 순순히 항복하며 그의 백성이 되었습니다.

3. 백제는 한강을 차지하면서 삼국 중에서 가장 먼저 고대 국가로 발전할 수 있었습니다. 한강 유역에는 넓고 기름진 평야가 있었고, 서쪽으로 바다를 끼고 있어 중국과 교류하며 선진 문물을 받아들였습니다. 고구려가 땅이 척박해 정복 활동을 통해 땅을 넓히는 일에 몰두하는 동안, 백제는 상대적으로 안정적인 남쪽에서 힘을 키워 나갔습니다.

4. 둥근 알은 둥근 태양을 상징합니다. 하늘에 떠 있는 태양의 존재는 그 당시 사람들에게 무척 신비로웠을 것입니다. 그래서 알에서 태어났다는 것은 하늘의 자손임을 뜻합니다. 고대 국가의 왕들은 알에서 태어났다는 건국 이야기를 만들어 냄으로써, 자신이 하늘의 선택을 받은 존재라는 것을 증명하려 하였습니다. 이를 통해 백성들이 왕을 존경하고 그 나라 백성으로 살아간다는 걸 자랑스럽게 여길 것이기 때문입니다.

4 대제국을 건설한 고구려

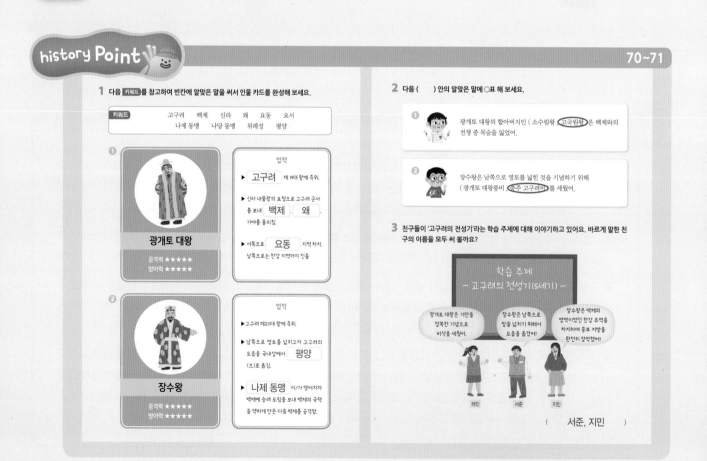

1 ❶ 예 할아버지 고국원왕을 죽인 백제에 복수하기 위해서야. / 북쪽으로 영토를 넓힐 때 남쪽의 백제가 쳐들어올 것을 방지하기 위해서야.

　❷ 예 백제, 왜, 가야가 손잡고 우리 신라를 공격했어요. 도와주세요!

2 예 평양은 국내성보다 남쪽에 있어서 날씨가 따뜻하고 대동강을 끼고 있어 농사짓기 좋다. / 국내성을 기반으로 하고 있던 귀족들에게서 벗어나 왕권을 강화하는 기회로 삼기 위해서이다. / 평양은 국내성보다 남쪽에 위치해 있어서 남쪽으로 진출하기에 유리한 위치이기 때문이다.

3 예 고구려의 광개토 대왕은 18세의 어린 나이에 왕위에 올랐다. 왕위에 오르자마자 백제를 공격하여 항복을 받아 냈고, 거란을 공격하여 북쪽으로 영토를 넓혔다. 그리고 백제와 왜, 가야의 침략을 받은 신라가 도움을 요청하자 5만 명의 군사를 보내 백제와 왜, 가야를 무찔렀으며, 북쪽 국경 지역의 거란, 후연 등을 공격하며 고구려의 전성기를 이끌었기에 그 업적을 기리며 이 비석을 세운다.

4 예 하단 지도 참고 만약 고구려가 삼국을 통일했다면 우리의 영토는 지금보다 몇 배는 넓었을 것이다. 고구려의 영토는 신라의 영토보다 훨씬 넓었고, 북쪽으로 영토를 더 확장하기 위해 정복 전쟁을 나섰기 때문이다. 그리고 용맹하기로 소문난 고구려의 군사들은 다른 나라의 침략을 막기 위해 군사 훈련을 강화하고 부대를 재정비하여 넓은 영토를 유지했을 것이다.

해설

1 광개토 대왕은 할아버지인 고국원왕이 백제와의 전쟁에서 죽임을 당한 원수를 갚고, 북쪽으로 영토를 넓히기 전에 호시탐탐 고구려를 노리는 백제를 단속하기 위해서 왕위에 오르자마자 백제를 공격하였습니다.

3 광개토 대왕은 왕위에 즉위하자마자 백제와 전쟁을 치르며 영토를 넓혔고, 거란을 공격해 북쪽 영토 일대를 장악하며, 예전에 잡혀갔던 고구려 백성들을 다시 데려왔습니다. 그리고 백제, 왜, 가야의 침략을 받은 신라가 도움을 요청하자 군사를 보내 물리쳤습니다. 또한, 후연의 침략을 막아 내며 고구려의 전성기를 이끌었습니다. 이러한 광개토 대왕의 업적을 비석의 내용에 적도록 합니다.

4 예

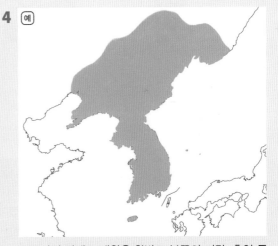

고구려의 광개토 대왕은 한반도 북쪽의 거란, 후연 등 주변 나라들을 정벌하며 만주 지역까지 영토를 넓혔습니다. 고구려가 삼국을 통일했다면 현재 우리의 영토가 어떻게 되었을지 생각해 봅니다.

5 역사 속으로 사라진 철의 나라, 가야

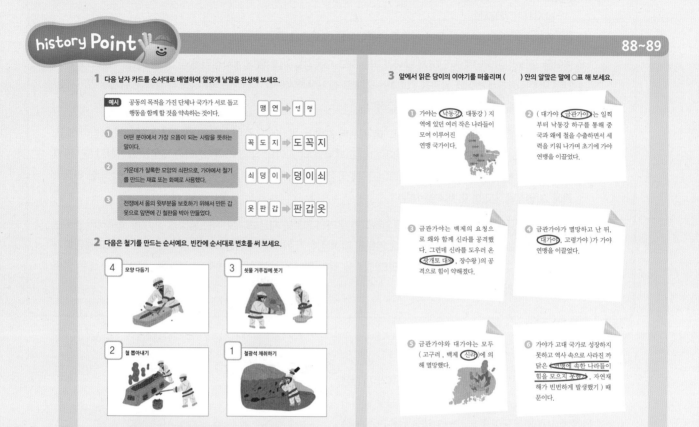

1 다음 낱자 카드를 순서대로 배열하여 알맞게 낱말을 완성해 보세요.

예시 공동의 목적을 가진 단체나 국가가 서로 돕고 행동을 함께 할 것을 약속하는 것이다.　맹 연 ➡ 연 맹

① 어떤 분야에서 가장 으뜸이 되는 사람을 뜻하는 말이다.　꼭 도 지 ➡ 도 꼭 지

② 가운데가 잘록한 모양의 쇠판으로, 가야에서 철기를 만드는 재료 또는 화폐로 사용했다.　쇠 덩 이 ➡ 덩 이 쇠

③ 전쟁에서 몸의 윗부분을 보호하기 위해서 만든 갑옷으로 옆면에 긴 철판을 박아 만들었다.　옷 판 갑 ➡ 판 갑 옷

2 다음은 철기를 만드는 순서예요. 빈칸에 순서대로 번호를 써 보세요.

4 모양 다듬기
3 쇳물 거푸집에 붓기
2 철 뽑아내기
1 철광석 채취하기

3 앞에서 읽은 담이의 이야기를 떠올리며 (　) 안의 알맞은 말에 ○표 해 보세요.

① 가야는 (낙동강, 대동강) 지역에 있던 여러 작은 나라들이 모여 이루어진 연맹 국가이다.

② (대가야, 금관가야)는 일찍부터 낙동강 하구를 통해 중국과 왜에 철을 수출하면서 세력을 키워 나가며 초기에 가야 연맹을 이끌었다.

③ 금관가야는 백제의 요청으로 왜와 함께 신라를 공격했다. 그런데 신라를 도우러 온 (광개토 대왕, 장수왕)의 공격으로 힘이 약해졌다.

④ 금관가야가 멸망하고 난 뒤, (대가야, 고령가야)가 가야 연맹을 이끌었다.

⑤ 금관가야와 대가야는 모두 (고구려 , 백제 , 신라)에 의해 멸망했다.

⑥ 가야가 고대 국가로 성장하지 못하고 역사 속으로 사라진 까닭은 (연맹에 속한 나라들이 힘을 모으지 못해, 자연재해가 빈번하게 발생했기) 때문이다.

1 ① 철판, 사람의 몸통에 딱 맞게 만들어졌다. 단단하지만 무겁고 불편하다.
　② 철 조각, 촘촘하고 가벼워 몸을 움직이는 것이 수월하다. 말을 타고 달리면서 싸울 때 유리하다.

2 ① 예 금관가야는 낙동강과 바다와 가까이 접하고 있는 지리적인 위치를 이용하여 중국이나 왜에 철을 수출하면서 가야 연맹 국가들 중에서 가장 먼저 발전할 수 있었다.
　② 예 금관가야는 백제, 왜와 함께 신라를 공격했을 때 신라를 돕기 위해 대규모 군사를 이끌고 온 고구려의 공격으로 힘을 잃고 쇠퇴하였다.

3 예 ① 삼국 시대 ② 가야는 작은 규모의 나라들의 연맹을 이룬 나라이므로 제대로 된 나라의 모습을 갖추었다고 할 수 없기 때문에 '삼국 시대'라고 불러야 한다.
　예 ① 사국 시대 ② 가야가 작은 나라들의 연맹 국가라고 해도 왕이 다스리는 독립적인 국가였기 때문에 고구려, 백제, 신라와 같이 하나의 나라로 인정해야 한다. 그러므로 이 시기를 '사국 시대'라고 불러야 한다.

4 예 ① 토기 ② 가야 연맹에 속한 나라에서 만든 토기들은 저마다 예술 작품처럼 뛰어나고 섬세하여 가야의 높은 문화 수준을 엿볼 수 있다.

해설

1 가야는 질 좋은 철을 바탕으로 다양한 철갑옷을 만들었는데 그중 판갑옷과 비늘 갑옷이 대표적입니다. 판갑옷은 넓은 철판을 세로로 이어 붙여 사람의 몸통에 맞게 만든 갑옷으로 머리 목, 팔을 모두 감싸는 형태입니다. 그래서 단단하지만 무겁고 불편합니다. 반면 비늘 갑옷은 작은 철 조각들을 가죽끈으로 엮어 만들어 촘촘하고 가벼워 몸을 움직이는 것이 수월하였습니다. 그래서 말을 타고 달리는 기마병들에게 알맞았습니다.

2 지도에서 확인할 수 있는 것처럼 금관가야는 낙동강과 바다 가까이 위치하고 있었습니다. 금관가야는 이러한 지리적 이점을 이용하여 바닷길을 통해 가야의 질 좋은 철을 중국과 왜에 수출하면서 가야 연맹을 이끌 정도로 빠르게 성장했습니다. 하지만 백제, 왜와 함께 신라를 공격했을 때, 고구려의 광개토 대왕이 신라를 돕기 위해 군대를 이끌고 내려왔고, 금관가야를 공격하면서 힘을 잃고 쇠퇴하기 시작했습니다.

3 한반도에는 고구려, 백제, 신라의 삼국과 가야라는 연맹 국가가 함께 있던 시기가 있었습니다. 그런데 이 시기를 고대 국가로 발전하지 못한 가야를 제외하고 '삼국 시대'라고 부릅니다. 하지만 가야도 삼국처럼 국가 체제를 갖추고 왕이 백성을 다스리는 나라였습니다. 이런 점에서 '삼국 시대'와 '사국 시대' 중에서 어떤 이름으로 부르는 것이 적절한지 나의 생각을 정리해 봅니다.

4 가야 사람들이 남긴 철제 무기, 토기, 가야금은 모두 가야 사람들의 높은 기술과 문화 수준을 엿볼 수 있는 뛰어난 문화유산입니다.

6 김유신, 삼국 통일의 주역

history Point

1 낱말 뜻을 살펴보고, 예문 속 빈칸에 알맞은 낱말을 찾아 써 보세요.

낱말 뜻
- 동맹: 둘 이상의 개인이나 단체, 또는 국가가 서로의 이익이나 목적을 위하여 동일하게 행동하기로 맹세하여 맺는 약속.
- 원군: 전투에서 자기편을 도와주는 군대.
- 비축: 미리 장만하여 모음.
- 속내: 겉으로 드러나지 아니한 속마음이나 일의 내막.
- 국경: 국가 영역의 경계.
- 위업: 위대한 사업이나 업적.

예문
1 신라는 백제의 공격으로 곤경에 처했을 때 당나라에 **원군** 을/를 요청했지만 거절당했어.
2 김유신은 군사들을 훈련시키고, 군량미를 **비축** 하는 등 전쟁 준비를 했어.
3 신라는 당나라와 **동맹** 을/를 맺고 백제와 고구려를 차례로 무너뜨렸어.

2 이야기의 내용을 떠올리며 ( ) 안의 알맞은 것에 ○표 해 보세요.

1 (연개소문, (김유신))은 백제를 멸망시키는 데 앞장섰으며, 삼국 통일을 이루는 데 큰 공을 세운 신라의 장군이다.

2 계백은 ((황산벌), 안시성)에서 신라의 공격을 막아 내기 위해 목숨을 다해 싸운 백제의 장군이다.

3 신라는 삼국 통일을 이루기 위해 (왜, (당나라))와 동맹을 맺었다.

4 신라의 ((김춘추) 김유신)은/는 진덕 여왕이 죽은 뒤 왕위에 올랐다.

2 신라가 삼국 통일을 이룬 과정을 떠올리며 빈칸을 채워 보세요.

나당 동맹 체결	백제 VS 신라, 황산벌 전투의 승자는?

1 신라의 김춘추는 **백제를 물리치기 위해서** 당나라와 동맹을 맺었다.

2 백제의 계백은 황산벌 전투에서 끝까지 싸웠지만, 신라에게 패했고 수도 사비성이 함락당하며 백제는 멸망했다.

고구려, 권력 다툼으로 결국 멸망	신라, 당나라를 무찌르다

3 **연개소문** 이/가 죽은 뒤, 고구려가 내분을 겪자 이를 틈타 신라와 당나라 연합군이 고구려를 멸망시켰다.

4 _____ 신라는 매소성과 기벌포에서 당나라 군대를 무찔렀다.

당나라가 신라와의 동맹을 깨고 한반도를 지배하려고 하자

9

1 ① 예 이 전투에서 지면 백제는 영원히 역사 속으로 사라질 것이다. 우리가 최후의 승부를 결정해야 한다. 신라를 물리쳐 나라를 지키자!

② 예 지금 황산벌에서 백제를 넘지 못하면 신라의 삼국 통일은 어려울 것이다! 죽을 힘을 다하여 백제군을 돌파하여 삼국 통일의 기반을 마련하자!

2 예 ① 고구려와 동맹을 맺었을 거야. ② 당나라는 언제든 한반도 땅을 빼앗으려고 생각하고 있기 때문에 아예 기회를 주지 않는 것이 좋다고 생각하기 때문이야.

예 ① 당나라와 동맹을 맺었을 거야. ② 당나라와 동맹을 맺지 않았다면 백제와 고구려를 물리치고 삼국을 통일하는 데 시간이 오래 걸렸을 거야.

예 ① 두 나라 모두 동맹을 맺지 않았을 거야. ② 고구려에게 빼앗은 땅을 되돌려 주는 것도 아깝고, 당나라가 한반도 땅을 넘보는 것도 싫기 때문이야.

3 예 신라는 가야를 멸망시켰지만 힘없는 왕족인 나에게 장수로서 이름을 떨칠 수 있는 기회를 주었다. 그래서 돌아가신 무열왕, 그리고 그의 아들인 문무왕과 함께 백제, 고구려를 멸망시키며 삼국 통일의 기틀을 마련하였다. 드디어 오늘, 젊은 시절부터 이루고자 했던 삼국 통일이 눈앞에 다가와 매우 뿌듯하고 기쁘다.

4 예 ① 90점 ② 비록 고구려가 차지하고 있던 만주 땅을 잃어버리기는 했지만, 신라가 삼국을 통일하여 우리가 한반도에서 하나의 민족으로서 전통을 이어갈 수 있게 되었기 때문이다.

예 ① 40점 ② 당나라와 동맹을 맺어 고구려가 차지하고 있었던 만주 땅을 당나라에 빼앗겼고, 같은 민족인 백제와 고구려 유민들을 힘들게 했기 때문이다.

해설

1 계백 장군이 황산벌로 향하기 직전, 전쟁에서 졌을 때 가족들이 겪을 어려움을 걱정해 아내와 자식을 모두 죽였다는 일화가 전해 내려올 정도로 황산벌 싸움은 백제의 운명이 걸린 중요한 싸움이었습니다. 또한 신라에게도 삼국 통일을 이루기 위해서 반드시 승리해야만 하는 중요한 싸움이었습니다. 이렇게 중요한 싸움을 앞둔 두 장수가 어떤 각오를 다졌을지 생각해 봅시다.

2 신라가 고구려에 동맹을 맺자고 요청하자 고구려는 신라가 고구려에게서 빼앗은 죽령 이북의 땅을 돌려 달라고 하였습니다. 신라가 고구려에게 죽령 이북의 땅을 돌려주고 눈앞에 닥친 위기를 피한 뒤에 다음 기회를 엿보는 선택을 했다면 삼국 통일의 역사는 어떻게 달라졌을지 생각해 봅니다. 또한 신라가 어느 나라와도 동맹을 맺지 않고 힘들더라도 군사력을 키우는 데 힘써 삼국 통일을 했다면 역사가 어떻게 달라졌을지 생각해 봅니다.

3 김유신은 가야를 세운 김수로왕의 후손으로 가야의 왕족이지만, 가야가 신라에게 멸망한 뒤 신라의 장수로 활약하였습니다. 김유신은 무열왕 때 당나라와 함께 백제를 멸망시키고, 문무왕 때에는 고구려를 정벌하며 삼국 통일의 기반을 다졌습니다. 내가 김유신이라면 신라의 삼국 통일이 눈앞에 다가왔을 때 어떤 기분이었을지 생각하며 일기를 써 봅니다.

4 신라의 삼국 통일은 우리 민족이 정치적, 문화적으로 통일을 이룰 수 있는 계기가 되었고, 이후 하나의 민족으로 이어지는 전통을 만들었다는 점에서 의의가 있습니다. 하지만 당나라의 힘을 빌려 통일을 이룬 것과 고구려가 차지했던 북쪽의 넓은 땅을 당나라에게 빼앗겼다는 점에서 아쉬움이 있습니다.

7 불국사와 석굴암

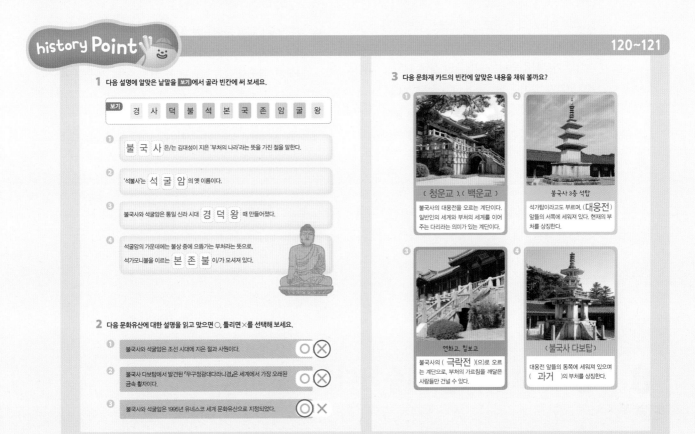

1 다음 설명에 알맞은 낱말을 보기에서 골라 빈칸에 써 보세요.

보기   경 사 덕 불 석 본 국 존 암 굴 왕

① 불 국 사 은/는 김대성이 지은 '부처의 나라'라는 뜻을 가진 절을 말한다.

② '석불사'는 석 굴 암 의 옛 이름이다.

③ 불국사와 석굴암은 통일 신라 시대 경 덕 왕 때 만들어졌다.

④ 석굴암의 가운데에 불상 중에 으뜸가는 부처라는 뜻으로, 석가모니불을 이르는 본 존 불 이/가 모셔져 있다.

2 다음 문화유산에 대한 설명을 읽고 맞으면 ○, 틀리면 ✕를 선택해 보세요.

① 불국사와 석굴암은 조선 시대에 지은 절과 사원이다. ○ ⊗

② 불국사 다보탑에서 발견된 『무구정광대다라니경』은 세계에서 가장 오래된 금속 활자이다. ○ ⊗

③ 불국사와 석굴암은 1995년 유네스코 세계 문화유산으로 지정되었다. Ⓞ ✕

3 다음 문화재 카드의 빈칸에 알맞은 내용을 채워 볼까요?

① (청운교), (백운교)
불국사의 대웅전 오르는 계단이다. 일반인의 세계와 부처의 세계를 이어 주는 다리라는 의미가 있는 계단이다.

② 불국사 3층 석탑
석가탑이라고도 부르며, (대웅전) 앞들의 서쪽에 세워져 있다. 현재의 부처를 상징한다.

③ 연화교, 칠보교
불국사의 (극락전)(으)로 오르는 계단으로, 부처의 가르침을 깨달은 사람들만 건널 수 있다.

④ (불국사 다보탑)
대웅전 앞뜰의 동쪽에 세워져 있으며 (과거)의 부처를 상징한다.

1 (순서대로) 현생의 부모 / 전생의 부모 / 부처의 나라 / 일반인의 세계와 부처의 세계를 이어 주는 다리 / 부처의 가르침을 깨달은 사람들만 건널 수 있는 다리

2 예 지금 대영 박물관에 있는 사자상은 원래 우리나라의 것이에요. 통일 신라의 소중한 문화유산인 불국사 다보탑의 네 귀퉁이를 지키고 있었죠. 문화재는 원래 위치에 있을 때 더 빛이 난다고 생각해요. 부디 사자상이 원래 자리인 불국사 다보탑으로 돌아올 수 있도록 돌려 주세요.

3 예 ① 석굴암이 전 세계에서 유일한 인공 석굴 사원이라는 것을 새로 알게 되었다.
② 전 세계에서 단 하나밖에 없는 인공 석굴 사원이 우리나라에 있다는 것이 뿌듯하고 자랑스럽다. 이번 여름 방학 때 부모님과 함께 직접 눈으로 보고 싶다.

4 예 불국사 다보탑 / 어디에서도 찾아보기 힘든 화려하고 섬세한 탑을 실제로 볼 수 있어.

해설

1. 김대성은 현생의 부모를 위해 불국사를, 전생의 부모를 위해 석불사를 지었습니다. 불국사는 '부처의 나라'를 뜻합니다. 불국사의 청운교와 백운교는 일반인의 세계와 부처의 세계를 이어 주는 다리이며, 연화교와 칠보교는 부처의 가르침을 깨달은 사람들만 건널 수 있는 다리로 계단이지만 '교(橋)' 자를 넣어 이름을 지었습니다.

2. 대영 박물관에 있는 사자상을 돌려 주기를 바라는 뜻으로 탄원서를 써 봅니다.

3. 112~118쪽의 내용과 인터넷에서 찾은 내용을 토대로 석굴암에 대해 새롭게 알게 된 점과 느낀 점을 써 봅니다.

4. 통일 신라 시대 문화유산의 특징을 간단하게 소개해 봅시다. 통일 신라 시대의 대표적인 문화유산으로는 경주 불국사, 불국사 삼층 석탑과 불국사 다보탑, 무구정광대다라니경, 경주 석굴암 석굴 등이 있습니다. 이 문화유산의 문화적 가치를 떠올려 보고, 외국인 친구에게 가장 먼저 소개하고 싶은 장소 또는 유물을 생각해 봅니다.

8 발해, 고구려를 계승하다!

1 〔예〕 더 이상 당나라의 압박 속에서 고통스럽게 살아갈 수 없습니다. 지금 당나라는 거란의 반란으로 큰 혼란에 빠져 있습니다. 이때가 기회입니다. 나는 고구려를 계승하는 새로운 나라를 건국할 것입니다. 나와 함께 당나라에 용감하게 맞서 새 나라를 세우고, 새 시대를 엽시다!

2 〔예〕 발해는 당나라, 신라, 일본, 거란 등 주변 나라들과 활발하게 교류하는 나라였다. 이러한 모습을 볼 때 발해는 새로운 문화에 관심이 많은 개방적인 나라였을 것 같다.

3 〔예〕 ① 우호적인 ② 비록 지금은 당나라와 가깝게 지내는 것이 자존심이 상하더라도, 먼 미래를 생각한다면 발해에 도움이 될 것이다. 당나라의 선진 문물과 제도를 받아들인다면, 발해는 더욱 발전하여 부강한 나라가 될 것이기 때문이다.

4 〔예〕 수도가 한 곳이면 수도와 먼 지역은 신경을 덜 쓰게 될 수도 있다. 하지만 발해는 수도 역할을 하는 도시가 다섯 곳이 있었기 때문에 넓은 영토를 효과적으로 다스릴 수 있었다.

해설

1 668년에 고구려가 멸망하자 당나라는 고구려 영토를 차지하고, 고구려 사람들이 부흥 운동도 펼치지 못하게 하였습니다. 그래서 고구려 사람들을 강제로 당나라로 끌고 가 여기저기 흩어져 살게 했습니다. 하지만 고구려 유민들은 자신들의 나라인 고구려를 잊지 않았습니다. 그러던 어느 날, 당나라가 거란의 반란으로 혼란에 빠지자, 고구려 장군 출신인 대조영이 고구려 유민을 이끌고 영주를 탈출해 동모산에서 발해를 건국합니다. 이러한 상황을 떠올리며 대조영이 고구려 유민들을 어떻게 설득시켰을지 써 봅니다.

2 발해는 무왕 때 정복 전쟁을 벌여 영토를 크게 넓혔습니다. 그 후 무왕의 뒤를 이어받은 문왕은 문화와 경제력으로 나라를 발전시켜야겠다고 결심했습니다. 그래서 상경을 중심으로 외국과 교류하는 다섯 길을 통해 당나라, 신라, 일본, 거란 등과 교류하였습니다. 주변 국가의 선진 문물을 받아들이고, 발해의 문화와 특산물을 다른 나라에 전하며, 발해는 이 시기에 크게 발전하였습니다.

3 발해는 고구려를 계승한 나라입니다. 당나라는 신라와 함께 고구려를 멸망시키고, 고구려 유민들을 업신여기며 괴롭혔습니다. 하지만 당나라는 발해의 주변 국가 중에서 가장 발전한 나라이기도 합니다. 이런 점을 떠올리며 내가 발해의 왕이었다면 당나라와 어떤 관계를 맺었을지 생각해 봅니다.

4 발해는 옛 고구려 땅을 회복하는 것을 넘어서 더 넓은 영토를 가지며 우리나라 역사상 가장 넓은 영토를 차지하였습니다. 발해는 넓은 영토를 효과적으로 다스리기 위해 전국적으로 중요한 곳에 도시를 세우고 개발하였습니다. 그 덕분에 발해는 나라가 균형적인 발전을 할 수 있었습니다.

76~77

142~143

MEMO

MEMO

기적의 학습서

오늘도 한 뼘 자랐습니다